KB200590

목
마
른

인
생

목마른 인생

지은이 | 서정오
초판 발행 | 2014. 10. 22
3쇄 발행 | 2014. 12. 11.
등록번호 | 제3-203호
등록된 곳 | 서울특별시 용산구 서빙고로 65길 38 두란노빌딩
발행처 | 사단법인 두란노서원
영업부 | 2078-3352   FAX | 080-749-3705
출판부 | 2078-3331

책 값은 뒤표지에 있습니다.
ISBN 978-89-531-2100-3 03230

독자의 의견을 기다립니다.
tpress@duranno.com   www.duranno.com

두란노서원은 바울 사도가 3차 전도여행 때 에베소에서 성령 받은 제자들을 따로 세워 하나님의 말씀으로 양육하던 장소입니다. 사도행전 19장 8-20절의 정신에 따라 첫째 목회자를 돕는 사역과 평신도를 훈련시키는 사역, 둘째 세계선교(TIM)와 문서선교(단행본·잡지)사역, 셋째 예수문화 및 경배와 찬양 사역, 그리고 가정·상담 사역 등을 감당하고 있습니다. 1980년 12월 22일에 창립된 두란노서원은 주님 오실 때까지 이 사역들을 계속할 것입니다.

어떻게 살 것인가?

목마른 인생

서정오 지음

두란노

제게 '예술과 삶을 일치시키는 일'은 배우로서의 평생
숙원입니다. '바른 양심과 신앙을 삶과 일치시키는 일' 또한
신앙인으로서 갖는 궁극의 목표라고 생각하며 살고 있습니다.
모두 쉽지 않은 일이지요.
동숭교회에서 서정오 목사님을 만난 것은 제 인생에 찾아온
행운이요, 하나님의 크나큰 축복입니다. 목사님의 삶과 정신은
저에게 신앙인으로서의 모범이요, 감동 그 자체였습니다.
공들여 펴낸 이 책이 신앙인뿐만 아니라 현대를 사는 많은 이
에게 삶의 지표가 되고 바른 길잡이가 되기를 기대합니다.
강신일 (배우)

끝없는 욕망에 목말라 방황하는 현대인들에게 이 책은
하나님의 말씀과 사랑을 통해 우리는 누구이고,
어떻게 살아야 하며, 어디로 가는 존재인지를
일깨워주고 있습니다.
그런 점에서 이 책은 감로수(甘露水)같이 한마디 한마디가
우리의 가슴을 적시고 감동하게 하며 자기성찰을 하게 하는
아름다운 한 편의 시라고 할 수 있을 것입니다.

서병윤 (전 대한검도회 전무이사)

서정오 목사님의 설교를 들을 때마다 울림이 큰 한 편의 아름다운 서사시를 듣는 듯합니다. 문학을 전공하신 지적 감수성에 깊은 영성을 더한 까닭이겠지요. 다만 순식간에 지나는 말씀 시간이 늘 안타까웠는데, 우리의 삶에 대한 본질적 물음을 던지는 책을 내신다니 반갑고 귀하게 여겨집니다.

이 책은 매 갈피마다 우리에게 묻습니다.

"당신은 왜 사는가?"

이 황망한 시대, 이 질문을 받는 일이 두렵기도 하지만 참으로 감사한 일이 아닐 수 없습니다.

승효상 (건축가, 이로재 대표)

많은 사람들이 자신의 이야기를 하고 싶어서 글을 쓰지만, 예수를 믿는 사람들은 그분의 이야기를 하고 싶어서 글을 씁니다. 겉은 요란하게 장식되었지만 예수님의 진정한 지혜의 이야기를 듣기가 쉽지 않은 이 시대에, 이 책은 예수님의 생명의 이야기를 담고 있습니다.

목마른 사슴이 신선한 샘물을 맛보는 것같은
기쁨을 함께 누릴 수 있으리라 믿습니다.

원동연 (탄자니아연합대학교 설립 총장)

제게 살아가면서 꼭 필요한 것은 햇빛과 물, 달과 바람
그리고 나무입니다. 성경은 햇빛과 물이고, 말씀을 공급해
주는 목자는 거울처럼 저를 다시 바라보게 해 주는 달입니다.
그리고 성도의 교제는 해와 달 사이에 부는 산들바람입니다.
더불어 나무는 주님 보시기에 좋을 제 모습입니다.
제가 10년 넘게 교제해 온 서정오 목사님은 보름달 같은
분이십니다. 어느 새 어두워진 제 마음을 두루 밝혀 주기
때문입니다. 그 보름달이 한권의 책을 통해 우리에게 꼭
필요한 햇빛과 물, 바람을 느끼게 해주네요.
제가 소망하듯이, 아름다운 나무가 되고 싶은 모든 분들에게
생명수 같은 책입니다.

윤석화 (배우)

이 책은 '어떻게 살 것인가'를 답하기 전에, 우리가 왜 살아야 하고 무엇을 믿고 바라야 하는가를 알려 줍니다. 우리가 어떤 존재인지, 우리가 어떻게 절망적인 환경과 자신의 연약함을 넘어설 수 있는지, 우리가 왜 하루하루를 감사함과 설레는 마음으로 살아갈 수밖에 없는지를 깨닫게 합니다.

그러다 보니 '어떻게 살 것인가'에 대한 대답도 깊고 풍성합니다. 그렇게 살고 싶은 마음을 자연스럽게 갖게 합니다. 이 책을 읽는 동안 움츠러든 어깨가 절로 펴짐을 경험하게 될 것입니다. 헤아릴 수 없는 예수 그리스도의 은혜와 하나님의 사랑에 감동할 것입니다.

또한 이 책은 한 번밖에 못사는 인생을 의미 있고, 가치 있는 사명자의 삶으로 바꾸어 놓을 수 있도록 우리를 초대합니다. 서정오 목사님의 제안대로 몸을 만들고 생각의 틀을 짜고 마음과 영을 추스른다면 우리는 더욱 건강한 신앙인이 되어갈 것이기 때문입니다.

임성빈 (장로회신학대학교 교수, 문화선교연구원 원장)

바쁘게 산다는 걸, 열심히 산다는 걸, 자랑으로 생각했습니다.

어디를 향해, 무엇을 위해 살고 있는지를 살펴 볼 여유는 없어

도 주어진 시간들을 알뜰하게 산다는 걸 뿌듯하게 여겼습니다.

그런 제게 목사님이 조용히 브레이크를 거시네요.

"열심히 하는 것보다 옳게 하는 것이 더 중요하다"고.

"방향이 틀어지면 열심히 할수록 인생은 더욱 망가지고 만다"고.

'깊이 생각하는 시간을 떼어 놓으라'는 말씀이 '깊이 하나님을

만날 시간을 가지라'는 말씀으로 들립니다. 제 수첩에도 깊이

생각할 주제들을 몇 자 적어 봅니다. 그 주제들과 함께

하나님을 진하게 만날 시간을 기대합니다.

장주희 (CBS 아나운서)

그러면, 어떻게 살 것인가?

20대 청년 시절에 프랜시스 쉐퍼(Francis A. Schaeffer)의《그러면 우리는 어떻게 살 것인가?(How should we then live?)》를 읽고 큰 감동을 받은 적이 있습니다. 2,000년의 서양사를 훑고는, 21 세기를 앞둔 시점에서 "어떻게 살 것인가?"를 고민하며 내놓은 역작이었습니다. 꽤 오랜 세월이 지나 어느새 예순을 넘겨 겨우 철이 들었다고 느끼는 이 순간에도, 그의 가르침은 여전히 큰 도움이 되고 있습니다.

그러면서도 그 질문은 여전히 내게 남아 대답을 요구하고 있습니다. 그러면, "나는 어떻게 살 것인가?" 지난날은 어쩔 수 없다 하더라도, 아직 남은 나의 삶을, 한 번 가면 다시는 돌이킬 수 없는 그 소중한 삶을, 나는 어떻게 살 것인가? 청년 시절처럼 실패해도 좋을 만큼 충분한 시간이 주어지지 않은 지금, 더 이상 방황하지 않기 위해서라도 어떻게 살 것인가? 남은 시간 이 짧다고 느껴질수록 이 질문은 더욱 간절해지고 있습니다.

그동안 책을 쓰라는 요청이 제법 많았음에도, 정작 결단을 내리지 못했습니다. 나 자신의 소심함 때문이기도 합니다. 또 내 것이라고 할 게 별로 없이, 그저 남들의 생각과 가르침을 이리저리 전달만 한 '유통업자'에 지나지 않는다고 생각해 왔기 때문입니다. 그래서 무엇을 써야 한다는 것 자체가 부담스러워 용기를 내지 못했습니다. 글을 쓴다는 것이 나를 발가벗기는 것 같아 부끄러움을 견딜 수 없었습니다. 또 책의 홍수를 이루고 있는 이 시대에 나마저 한 추념 드는 것 같아 부끄럽게 여겨졌기 때문입니다.

그런 모든 것을 떨치고 이렇게 부끄러운 글을 내놓게 되었습니다. 두란노서원의 끈기 있는 요청이 있었고, 그것을 핑계 삼아 평생 목회를 했는데, 한두 마디 정도는 생각을 정리해 보는 것도 좋겠다 싶었습니다. 그렇게 하는 것이 나의 남은 목회를 최선으로 마무리하는 데 도움이 될 것 같았습니다. 그리고 한 번밖에 없는 이 소중한 삶을 어떻게 살 것인지를 고민하는 나와 같은 이들에게, 아주 조금이라도 도움이 되었으면 좋겠다는 바람 때문이었습니다.

논문이 아니기에 인용 출처를 정확히 밝히지 않거나, 못하는 것에 대해 너그럽게 봐주시기를 바랍니다. 꼼꼼하게 정리하는 습관이 안 돼 있어서, 시간이 지나면 어디에서 읽었는지조차 기억하지 못하는 경우가 많았습니다. 출처를 꼭 찾으려면 못 찾을 것도 없겠지만, 그럴 시간에 내 생각을 조금이라도 더 다듬는 것이 낫지 않을까, 감히 건방을 떨면서 그대로 두기로 했습니다. 가끔 저의 삶을 돌이켜 보면서 적은 개인적인 이야기는 전적으로 저 개인의 기억력에 의존한 것임을 밝힙니다.

100세 시대라는데, 그리고 저를 아는 좋은 의사 선생님이 "목사님의 건강 상태와 의학 수준의 발달 속도로 보건대, 목사님은 아마도 100세까지는 사실 것 같다"고 하신 것을 보면, 앞으로도 최소한 30년 이상은 더 살 것 같습니다. 물론 특별한 일이 없는 한 말입니다. 그래서 이 책에 쓴 모든 내용은 앞으로 제가 살아가야 할 남은 30년의 삶에 대한 결심이자, 약속입니다. 읽으시다가 짬이 나면 저를 위해서도 기도해 주시기를 겸허하게 부탁드립니다.

존경하는 많은 선배들에게 추천사를 부탁드리고도 싶었으나,
인생의 여정을 함께 부대끼며 걸어가고 있는 고마운 분들의
한 마디로 그 자리를 대신하고자 합니다. 한분 한분께 감사의
인사를 드립니다. 하나님의 놀라운 평화가 여러분 모두에게 함
께하시기를 기도합니다.

Soli Deo Gloria!

2014년 10월
서정오

1 왜 살아야 하는가?

우리는 하나님의 작품입니다. 선한 일을 하게 하시려고, 하나님께서 그리스도 예수 안에서 우리를 만드셨습니다. 하나님께서 이렇게 미리 준비하신 것은, 우리가 선한 일을 하며 살아가게 하시려는 것입니다(엡 2:10, 새번역).

어디로
가 고   있 는 가 ?

달리는 기차에서 차장이 한 승객에게 물었습니다.
"어디까지 가십니까?"
승객이 깜짝 놀라 물었습니다.
"이 기차가 어디로 가는지, 차장인 당신이 모른단 말이오?
차장이 모르는데, 내가 어찌 알겠소?"

택시를 타고 한참을 달리던 손님이 운전기사에게 물었습니다.
"기사 양반, 아까 내가 어디로 가자고 했소?"
운전기사가 화들짝 놀라 뒤돌아보며 말했습니다.
"아니, 손님! 언제 거기 타셨습니까?"

18

정신없이 사는 사람들이 많습니다. 남들이 가니까 우르르 몰려 다니는, 목표도 목적도 잃은 인생들. 어쩌면 오늘 우리의 모습 은 아닐까요?

마차로 여행하는 사람이 있었습니다. 도중에서 잠깐 쉬고 있는 데, 부근에 사람들이 몰려들어 물었습니다.

"어디로 가십니까?"

"예, 초나라로 갑니다."

사람들이 놀라며 말했습니다.

"초나라는 남쪽인데, 당신은 지금 북쪽으로 가고 있습니다."

그 사람이 대답했습니다.

"걱정 마시오. 이 말은 굉장히 빨리 달리니."

사람들이 답답해하며 다시 말했습니다.

"아무리 빨라도 이 방향으로 가면 절대 초나라에 못 갑니다."

그 사람은 또 대답했습니다.

"괜찮소. 아무리 오래 걸려도 여비는 충분하다오."

사람들은 더욱 답답해하며 말했습니다.

"아무리 돈이 많아도, 이리로 가면 초나라에 못 간단 말입니다!"

그러나 그 사람은 또 말했습니다.

"아, 괜찮다니까요! 내 마부는 말 다루는 솜씨가 최고라오."

빠른 말, 많은 돈, 실력 있는 마부가 중요하지 않습니다. 방향이 중요합니다. 아무리 빠른 말을 타도, 아무리 돈이 많아도, 아무리 좋은 마부가 몰아도, 가는 방향이 틀리다면, 가면 갈수록 목적지는 점점 더 멀어질 뿐입니다.

인생의 방향이 틀리면, 근면과 성실은 오히려 재앙이 됩니다. 지향하는 목표가 잘못되면, 재주가 좋을수록 더욱 빨리 망하게 됩니다. 그러므로 목적을 알고, 그 목적을 이루기 위해서는 올바른 방향과 목표를 정해야 합니다. 그것이 성실보다, 근면보다, 재주와 실력보다 훨씬 더 중요하기 때문입니다.

그러기 위해서는 삶의 방향부터 바로잡아야 합니다. 삶의 이유와 목적부터 분명하게 대답할 수 있어야 합니다. 왜 살아야 하는지, 삶이 이토록 어렵고 힘들어도 왜 포기해서는 안 되는지, 그 이유에 대해 분명한 대답을 갖고 있어야 합니다. 그래야 흔들리지 않는 인생을 살 수 있는 것입니다. 당신은 지금 어디로 가고 있습니까? 그 길이 옳은 길이라고 확신할 수 있습니까?

1983년, 알래스카 앵커리지를 떠난 대한항공 007 여객기가 항로를 이탈해 소련 전투기에 맞아 추락하기까지, 승객과 승무원들 중 자신의 항로를 의심한 사람은 단 한 사람도 없었습니다. 그들은 잠시 후 김포공항에 도착해, 마중 나온 사람들과 만날 기대와 설렘으로 착륙 준비를 하고 있었습니다. 하지만 기대와는 달리, 그들 중 단 한 명도 살아서 돌아오지 못했습니다.

인생길을 가다 보면, 나도 모르는 사이에 가야 할 길을 벗어날 때가 있습니다. 때로는 무지해서, 때로는 부주의해서 마땅히 가야 할 길을 벗어납니다. 그 길이 내가 마땅히 가야 할 길인지 의심하지 않은 채, 습관에 따라 그냥 가는 것입니다. 이런 이유 때문에 우리는 수시로 자신이 가는 길을 확인해야 합니다. 승무원들이 항상 승객들에게 "더블 체크!"라고 외치는 것처럼, 재차 점검해야 하는 것입니다. 지금 가고 있는 그 길이, 과연 당신이 마땅히 가야 할 그 길이 맞습니까?

왜
사 는 가 ?

시인 김상용은 그의 시 〈남으로 창을 내겠소〉에서 이렇게 노래했습니다.

남으로 창을 내겠소.
밭이 한참같이
괭이로 파고
호미론 김을 매지요.

구름이 꼬인다 갈 리 있소.
새 노래는 공으로 들으랴오.
강냉이가 익걸랑
함께 와 자셔도 좋소.

왜 사냐 건
웃지요.

마지막 두 줄이 압권입니다. 왜 사냐고 묻는다면, 그냥 웃고 말
겠다는 것입니다. "뭘 그런 걸 다 묻느냐. 솔직히 그걸 누가 알
겠느냐"는 것입니다. 너도 모르고, 나도 모를 그런 어려운 질문
에 답을 찾기보다는, 주어진 삶에 그냥 순응하면서 살리라는
것입니다. 아마도 시인은 이백의 시 〈산중문답(山中問答)〉을 기
억했던 것 같습니다.

問余何事棲碧山 (문여하사서벽산)
笑而不答心自閑 (소이부답심자한)
묻노니, 그대는 왜 푸른 산에 사는가.
웃을 뿐, 답은 않고 마음이 한가롭네.

김상용과 이백의 동양적 달관이 멋스럽게 여겨지기도 합니다.

'삶의 이유 같은 것을 따지기보다는, 주어진 삶에 순응하며 사는 것'도 나쁘지 않겠다는 생각이 들기도 합니다. 그러나 한 번밖에 없는 나의 삶을 왜 살아야 하는지 그 이유도 모른 채, 의미 있는 삶을 살 수는 없지 않을까요? 어느 철인의 말입니다.

"살 이유만 있다면, 우리는 어떻게든 살아갈 것이다. 그런데 문제는, 그 살아야 할 이유를 잘 모르겠다는 것이다."

행복을 대가로 치르는
성 공

민주당 후보였던 빌 클린턴(Bill Clinton)이 42대 미국 대통령에 당선됐을 때입니다. 정권인수 팀에서 경제 정책을 담당했고, 훗날 노동부 장관을 지낸 로버트 라이시(Robert Reich)는 세계 제일의 미국 경제를 움직이며 세월 가는 줄 몰랐습니다.
그는 새벽같이 일어나 일터로 달려갔고, 파김치가 되어 한밤중에 집으로 돌아왔습니다. 어느 새벽, 막내가 자다 말고 출근하는 그에게 달려와 말했습니다.
"아빠, 오늘 저녁에 아무리 늦게 와도 저를 깨워 주세요. 아빠한테 꼭 할 말이 있거든요."

그 순간, 그는 지난 몇 달 동안 막내와 단 한 마디도 주고받지 못했다는 사실을 깨달았습니다. 그리고 여러 날 고민하다가, 남들이 선망하는 그 자리를 박차고 가정으로 돌아갑니다.

그 경험을 바탕으로 낸 책이 《부유한 노예(*The Future of Success*)》(김영사, 2001)입니다. 부제는 "고속성장 경제, 그 풍요의 환상 속에 감추어진 냉혹한 현실"입니다. 저자는 이 책에서 사람들은 보다 행복한 삶을 살기 위해 악착같이 돈을 벌려고 하고, 권력을 쥐려고 하고, 인기와 명예를 추구하려고 하지만, 역설적이게도 그런 과정에 일상의 모든 행복을 그 대가로 지불한다고 말합니다. 그래서 정작 돈을 벌고, 권력을 잡고, 인기와 명예를 얻게 될 때면 가정은 깨지고, 사회의 질서와 균형은 무너져 버립니다. 그토록 바라던 일상의 행복이 물거품처럼 다 사라지고 마는 것입니다.

이것이 오늘날의 화려한 성공 뒤에 숨겨진 냉혹한 현실입니다. 그럴 바에는 돈을 좀 못 벌어도, 권력과 인기와 명예를 누리지 못해도, 지금 주어진 일상 그대로 행복을 누리면서 사는 것이 참된 성공일 것입니다.

로버트 라이시의 과감한 결단에 대해 어떻게 생각합니까? 당신의 삶은 요즘 어떤가요? 아니, 직설적으로 다시 묻겠습니다. 당신은 왜 삽니까? 무엇을 위해 삽니까? 어떻게 살고 있습니까? 지난 세월은 차치하고, 앞으로의 남은 삶을 어떻게 살 작정입니까? 남들이 가는 대로 그냥 따라갈 것입니까? 아니면, 남들이 뭐라고 하던 신경 쓰지 않고 흥하든, 망하든 내 마음대로 내 길을 가겠습니까?

내 인생이
내   것 인 가 ?

윌리엄 E. 헨리는 자신의 시 〈인빅터스(*Invictus*)〉에서 이렇게 말했습니다.

  "나는 내 운명의 주인이며, 내 영혼의 선장이다."

가수 민해경은 〈내 인생은 나의 것〉에서 이렇게 노래했습니다.

  내 인생은 나의 것
  내 인생은 나의 것
  그냥 나에게 맡겨 주세요.
  …
  …
  내 인생은 나의 것

내 인생은 나의 것

나는 모든 것 책임질 수 있어요.

부모가 자식을 못 다 이룬 꿈의 대체물로 생각하는 것은 분명
잘못입니다. 하지만 부모의 지혜로운 충고에 귀를 기울이지 않
는 자녀 또한 옳다고 할 수 없을 것입니다. 더구나 "내 인생, 내
마음대로 살겠다", "내가 다 책임질 수 있다"고 하는 것은, 아무
리 잘 봐줘도 10대들의 객기에 불과할 것입니다. 과연 내 인생
은 내 것입니까? 정말 나는 내 인생의 모든 것을 책임질 수 있
을까요? 그럴 만한 지혜나 능력이 내게 있습니까?

돌이켜 보면 내 인생은 내가 시작한 것도, 내가 내 마음대로 끝
낼 수 있는 것도 아닙니다. 내가 세상에 올 때 나의 이름, 성별,
재능, 국적과 고향, 부모님은 물론 나의 외모까지도 어느 것 하
나 내가 선택하거나 계획하고 결정해서 가지고 온 것이 없습
니다. 시작이 내 마음대로 되지 않은 것처럼, 내 인생의 끝도
내 마음대로 되지 않을 게 분명합니다. 언제, 어디에서, 어떻게,
어떤 모습으로 내 생을 마감할지, 나는 전혀 알 수 없습니다.
시작도, 끝도 그렇게 내 마음대로 할 수 없는 인생이라면, 그
인생이 어찌 내 것이라고 할 수 있을까요?

1,500년 전, 지구를 중심으로 우주가 돈다고 믿던(천동설) 시절,

니콜라우스 코페르니쿠스(Nicolaus Copernicus)는 선언했습니다.

"지구는 우주의 중심이 아니다. 지구 역시 태양의 둘레를
도는 한 행성에 불구하다(지동설)."

그로 인해 그는 당시의 완고한 교회 권력에 의해 수많은 핍박
을 받아야만 했습니다. 그 후 갈릴레이(Galileo Galilei)가 똑같은
주장을 했지만, 그도 역시 침묵을 강요당할 수밖에 없었습니
다. 오랜 세월이 지난 지금, 아직도 지구가 우주의 중심이라고
생각하는 이는 단 한 명도 없을 것입니다. 내가 살고 있는 별이
기에 이 지구가 우주의 중심이 되어야 한다고 외고집을 부리
는 사람도 없습니다.

천문학의 발달을 통해 '자기중심적 사고'의 축이 자연스럽게
우주 전체로 옮겨졌기 때문입니다. 우리는 그 엄청난 우주 가
운데 아주 작은 초록별 위에 살고 있는, 아주 작은 존재에 불과
하다는 것을 깨닫게 된 것입니다.

그래서 지동설은 단순히 천문학적 발견이 아니라, 우리 자신의
정체성에 대한 엄청난 깨달음이었습니다. 이를 '코페르니쿠스
적 사고의 전환'이라고 합니다.

이런 우주적 시대를 살고 있으면서, 아직도 인간은 자신들이
우주의 중심이라는 착각에서 벗어나지 못하고 있습니다. 오

늘날 '코페르니쿠스적 사고의 전환'이 필요한 곳은, 다름 아닌 '인간의 오만'입니다. 너무나 많은 사람들이 '자신이 우주의 중심(Ego-centric)'이라고 착각하며 삽니다. 자기가 없으면 세상도 없다고, 온 세상이 자신을 중심으로 돌아가야만 한다고 고집을 부립니다. 그래서 세상이 내 마음대로 되지 않으면 분노하고 불행해합니다.

그러나 너, 나 할 것 없이 결코 잊지 말아야 할 명백한 사실이 있습니다. 어느 누구도 우주의 중심이 될 수 없다는 것입니다. 세상 모든 이들이 천하보다 소중한 존재인 것은 틀림없습니다. 하지만 천하가 어느 한 사람을 위해 존재하는 것이 아님도 틀림없는 진리입니다.

내가 세상의 중심이라는 착각을 버려야 합니다. 내 인생이 내 것이라는 착각에서도 깨어나야 합니다. 온 세상이 나를 위해 존재한다는 망상도 버려야 합니다. 우주는 나를 중심으로 돌지 않습니다. 나는 결코 우주의 중심이 아닙니다. 나를 위해 이 우주가 존재하는 것이 아닙니다. 내가 떠난 후에도 세상은 나 없이 잘 돌아갈 것입니다.

그렇다면 이 거대한 우주 속, 이 작은 별 지구의 한 모퉁이에 나는 왜 태어났습니까? 영원이란 시간에 비하면 찰나에 불과한 나의 한 번의 생애를, 나는 무엇을 위해 어떻게 살아야 합니까?

삶의 축이
옮 겨 지 다

사도 바울은 유대인이면서 로마 시민권자였습니다. 조부가 로마 정부에 세금을 많이 냈기 때문이라고도 하고, 전쟁터에서 특별한 공을 세웠기 때문이라고도 합니다. 이런 몇 가지 이유로 바울은 로마 시민권을 가진, 사회적 신분이 보장된 사람이 었습니다.

그의 고향은 길리기아 다소였습니다. 유럽의 아테네, 아프리카의 알렉산드리아와 함께 당대에 3대 대학도시 중 하나였던 '타르수스'가 바로 그곳입니다. 곧 그는 헬라 문화가 만개한 길리기아 다소에서 태어나, 어릴 때부터 그 문화와 언어와 학문을 온몸으로 익히며 자란 사람이었습니다. 훗날 신약 성경의 많은 부분을 헬라어로 적을 수 있었던 것도, 이런 문화적 배경 덕분이라고 할 수 있습니다.

그는 청소년 시기에 그의 고국 땅인 예루살렘으로 유학을 갔습니다. 그곳에서 당대 최고의 학자였던 랍비 가말리엘에게서 율법을 배웠습니다. 그는 예루살렘의 종교 지도자들과 교분을 두텁게 가진 영향력 있는 사람이었습니다. 엘리트 중의 엘리트였던 그는 스스로도 자신을 자랑할 만하다고 주장했습니다.

"나는 팔일 만에 할례를 받고 이스라엘 족속이요 베냐민 지파요 히브리인 중의 히브리인이요 율법으로는 바리새인이요 열심으로는 교회를 박해하고 율법의 의로는 흠이 없는 자라"(빌 3:5~6, 개역개정).

그런 그에게 십자가에 달려 죽은 갈릴리 청년 예수를 메시아로 선전하고, 죽은 지 사흘 만에 다시 부활했다는 허무맹랑한(?) 교리를 전하는 예수쟁이들이 옳게 보였을 리 없습니다. 그래서 그는 그 신성 모독자들을 핍박하기 위해 종교 지도자들의 위임을 받아 냈습니다. 스데반을 죽이는 일에도 앞장서서 선동했습니다. 외국에 흩어진 예수쟁이들까지 잡아들이려고 다메섹까지 달려갔습니다. 그러던 그가 어느 날 갑자기 가던 길을 180도 선회합니다.

"그러나 무엇이든지 내게 유익하던 것을 내가 그리스도를 위하여 다 해로 여길 뿐더러 또한 모든 것을 해로 여김은 내 주 그리스도 예수를 아는 지식이 가장 고상하기 때문이라 내가 그를 위하여 모든 것을 잃어버리고 배설물로 여김은 그리스도를 얻고 그 안에서 발견되려 함이니"(빌 3:7~9, 개역개정).

예수를 핍박하던 사람이 예수를 위해 살아가게 된 것입니다. 예수의 추종자들을 잡아 심판하는 것을 최고의 사명으로 알았던 사람입니다. 그런데 이제는 기꺼이 그 추종자들의 앞장을 섭니다.

이제까지 그가 자랑하고 보물처럼 아꼈던 것들을 모두 '배설물'로 여기게 됩니다. 전에는 시시하게 여겨 돌아보지도 않던 것들을 가장 소중한 가치로 추구합니다. 그리고 목숨을 걸고 사명의 길을 달려갑니다.

한마디로 삶의 축이 자신으로부터 인생의 주인이신 하나님께로 옮겨진 것입니다. 이제까지는 내가 하나님의 율법을 지키는 의로운 자로 살았습니다. 그러나 이제부터는 하나님께 붙들려서 그분의 이끄심을 따라가는, 하나님의 일꾼이 된 것입니다. 이제는 신앙의 주도권이 나에게 있는 종교인이 아니라, 오직 하나님께 매인 '사명적 그리스도인'이 된 것입니다.

삶의 축이 자신에게서 하나님께로 옮겨진 후, 그는 주의 영이 이끄시는 대로 나아갔습니다. 그의 앞길에 있을 위험을 예측하고, 많은 형제들이 만류했습니다. 그러나 그는 죽음을 향해 달려가며 당당하게 유언을 합니다.

> "내가 달려갈 길과 주 예수께 받은 사명 곧 하나님의 은혜의 복음을 증언하는 일을 마치려 함에는 나의 생명조차 조금도 귀한 것으로 여기지 아니하노라"(행 20:24, 개역개정).

31

내가 사는 이유,
사   명

바울은 죽음의 길도 주저하지 않고 거침없이 달려갔던 이유를
설명합니다.

> "우리를 창조하신 분은 하나님이십니다. 우리는 선한 일을 위해 그리
> 스도 예수님 안에서 창조함을 받았는데 이것은 하나님이 미리 준비하
> 셔서 우리가 그렇게 살도록 하신 것입니다"(엡 2:10, 현대인의 성경).

우리는 어쩌다가 우연히 이 세상에 내던져진 존재가 아닙니다.
내가 주도권을 가지고 계획하고 결단해서 시작된 인생도 아닙
니다. 우리는 하나님이 선한 일을 하기 위해 친히 '작품'으로
지어 이 땅에 보내신 '사명자'들입니다. 그 사명을 감당하기 위
해서라면, 죽음도 불사하는 것입니다.

도대체 '사명(使命)'이란 무엇입니까? '죽어도 해야 할 일'입니
다. 그래서 그 일을 못하고 죽으면 한이 남는 것입니다. 아무리
많은 일을 했어도 그 일을 못했다면 결코 성공한 인생이라고
할 수 없습니다. 그것이 바로 '사명'입니다.
'사(使)'는 사람 목에 칼이 걸린 것이고, '명(命)'은 목숨이라는

뜻입니다. 사명이란 목숨 걸고 해야 할 일이고, 죽기 전에 꼭 해야 할 일입니다. 그래서 사명을 버린 사람, 사명을 피해서 도망가는 인생은 결코 행복할 수 없습니다. 그러나 사명을 완수한 사람은 최고의 행복을 경험하게 됩니다. 죽음 앞에서도 미소를 지을 수 있습니다. 사명을 완수한 사람은 '이젠 죽어도 좋은 사람', '죽어도 여한이 없는 사람'인 것입니다. 따라서 오직 사명을 완수한 사람만이 할 수 있는 말이 있습니다.

"다 이루었다. 이젠 죽어도 좋다."

사명은 목숨보다 중요한 것입니다. 사명의 완수를 위해서라면 목숨도 버릴 수 있습니다. 사명 때문에 생명이 존재하는 것이고, 사명을 위해서 생명을 부여받은 것입니다. 그래서 사명을 이루지 못하는 생명은 헛되게 사는 것입니다. 그런 의미에서 죽음이란 생명이 끝나는 것이 아니라, 사명이 끝나는 것입니다. 신명기 34장 7절을 보면, 120세의 모세가 느보 산에서 죽음을 맞을 때 "그의 눈이 흐리지 아니하였고 기력이 쇠하지 아니하였다"고 합니다. 그렇게 건강했는데, 왜 죽었습니까? 이유는 단 하나, 사명이 끝났기 때문입니다.

건강하지 못하고 골골대면서도 살아 있다면, 그것은 뭔가 아직도 세상에서 해야 할 사명이 남아 있기 때문입니다.

데이비드 리빙스턴(David Livingstone)은 이렇게 말했습니다.

"사람은 자기가 해야 할 사명이 있는 한, 결코 죽지 않는다."

사도 바울은 어떻게 삶의 마지막 순간까지 그토록 거침없이
달려갈 수 있었을까요? 자신의 사명을 깨달았기 때문입니다.
하나님이 자신을 지으신 목적, 자신이 해야 할 '선한 일'이 무
엇인지 알았기 때문입니다.
카를 힐티(Carl Hilty)의 말입니다.

"인간 생애의 최고의 날은, 자신의 사명을 자각한 날이다."

하나님과의 만남,
그 위대한 변화

이제 우리는 중요하고도 어려운 문제를 만났습니다.
"무엇이 사도 바울의 인생을 그렇게 완전히 바꿔 놓았는가?"
"무엇이 그를 전과는 다른 사명의 길로 달려가게 했는가?"
두말할 것도 없이 다메섹 도상에서 일어난 사건 때문입니다.
이 사건에 대해 사도행전에서는 세 번에 걸쳐 기술하고 있습
니다. 한 번은 누가가(9장), 두 번은 바울이 직접 고백하고 있습
니다(22, 26장). 마치 어떤 사건을 목격한 증인이 법정에서 보고

들은 것을 진술하는 것처럼, 그는 자신에게 일어난 일을 객관적이고도 구체적으로 표현하려고 노력합니다. 결코 거짓이나 환각을 본 것이 아님을 자신의 인격을 걸고 증언합니다.

"가는 중 다메섹에 가까이 갔을 때에 오정쯤 되어 홀연히 하늘로부터 큰 빛이 나를 둘러 비치매 내가 땅에 엎드러져 들으니 소리 있어 이르되 사울아 사울아 네가 왜 나를 박해하느냐 하시거늘 내가 대답하되 주님 누구시니이까 하니 이르시되 나는 네가 박해하는 나사렛 예수라 하시더라"(행 22:6~8, 개역개정).

1907년, 남강 이승훈 선생은 청년 실업가로 활약하며 돈을 벌고 있었습니다. 그러나 생애에서 가장 중요한 일이 무엇인지, 무엇을 위해 단 한 번의 삶을 살 것인지를 몰랐습니다. 그러다가 평양 모란봉 기슭에서 열린 도산 안창호 선생의 강연을 듣고, 자신이 해야 할 가장 중요한 일이 '민족 운동'이라는 사실을 깨닫게 됩니다. 그 길로 그는 술과 담배를 끊고 안창호, 이강 선생 등과 함께 신민회(新民會)를 조직합니다. 그리고 고향 땅 정주에 민족 교육의 요람인 오산학교를 설립합니다. 그러나 1910년에 한일 강제 병합이 이뤄지고, 민족 운동의 방향은 기로에 서게 됩니다. 그는 더 이상 무엇을 어떻게 해야 할지 몰라 당황합니다. 바로 그때 한국 장로교회 최초의 7인 목사님 중한 분인 한석진 목사님의 설교를 듣습니다.

"이 땅에 소망이 끊겨졌을 때, 우리의 할 일은 무엇인가? 앞
으로 나갈 수도, 뒤로 물러날 수도, 좌우 어디로 갈 수도 없
이 꽉 막혔는가? 이제는 하늘을 바라보라."

그 설교에 감동을 받은 그는 독실한 신앙인이 됩니다. 그리고
독립운동에 앞장 서서 당대 최고의 민족 지도자가 됩니다. 어
떤 이들은 남강 이승훈은 안창호와 한석진을 만남으로써 비로
소 당대 최고의 민족 지도자가 될 수 있었다고 증언합니다.
플라톤은 소크라테스를 만남으로 위대한 철학자의 길을 걸을
수 있었습니다. 디모데는 바울을 만났기에 위대한 하나님의 일
꾼이 될 수 있었습니다. 베드로는 예수님을 만나기 전까지는
그저 평범한 갈릴리 마을의 어부였을 뿐입니다.
어떤 이가 이런 말을 했습니다.

"역사의 가장 위대한 일은 투쟁이나 경험이나 재주로 되는
것이 아니라, 만남에서 온다. 특히 사람이 하나님을 만날
때 가장 위대한 일들이 나타난다."

왜 안 그렇겠습니까? 며느리 한 사람만 잘 들여도 집안이 완전

히 달라집니다. 어떤 친구를 만나느냐에 따라 인생이 달라집니다. 어떤 스승에게서 수학했느냐에 따라 그 사람의 앞길이 달라집니다. 하물며 인생을 지으신 창조주 하나님을 정통으로 만난다면, 그 인생이 얼마나 달라지겠습니까?

살아 계신 하나님과의 '만남', 그것은 위대한 변화의 시작입니다.

주님을 만나기
전 과 후

내가 태어나던 날, 할머니가 헐레벌떡 뛰어오시며 외치셨습니다.

"그놈 이름을 송아지라 해라!"

내가 태어나기 전에 형 둘과 누나, 그렇게 셋이 모두 열 살을 넘기지 못하고 죽었습니다. 넷째로 태어난 손자마저 잃고 싶지 않았던 할머니는 "이름을 천하게 지으면 명이 길다"는 통념을 따라 내 이름을 '송아지'라고 하셨습니다.

'개똥이', '소똥이', '돼지'보다는 좀 낫게 들리는 '송아지'라는 이름에 고마워해야겠지만, 어려서 이름 때문에 놀림 받을 때마다 나는 할머니를 원망하곤 했습니다.

할머니만이 아니라, 세 아이를 일찍 잃은 어머니도 '어쩌면 또 죽을지도 모른다'는 불안감으로 내가 태어나기 오래전부터 절에 열심히 다니셨습니다. 내 목숨이 길기를 바라며, 손이 발이되도록 비셨습니다.

어린 시절에 어머니는 내 목에 염주를 걸게 하시고, 내가 입는 모든 옷 속에 온갖 부적을 숨겨 놓으셨습니다. 절기마다 한 번도 빠지지 않고 절에 올라가 불공을 드리셨습니다. 넷째마저잃고 싶지 않은 강한 열망 때문이었습니다.

집안 어른들의 불안은 나도 모르는 사이에 내 의식 속에까지고스란히 스며들었습니다. 게다가 나는 1952년, 전쟁이 한창이던 시절에 태어났습니다. 전쟁에 대한 기억은 없지만, 부모님이 겪으신 처절한 전쟁 이야기를 들었습니다. 그분들이 겪었던 죽음에 대한 어두운 기억 모두가 마치 내가 겪은 것처럼 생생하게 느껴지곤 했습니다. 그래서였는지 부모님이 절에 올라가 불공을 드릴 때마다, 나도 열심히 따라다니며 힘을 다해 빌었습니다. 그렇게 열심히 절에 다니던 어느 날 아침, 밥상을 물리시던 어머니가 상상도 못한 말을 내게 던지셨습니다.

"우리도 교회 한번 가 볼까?"

꿈에도 예상하지 못한 말에, 나는 마치 기다렸다는 듯이 대답했습니다.

"예. 그렇게 해요, 어머니."

세월이 지난 지금도, 어머니가 그때 왜 그런 말을 하셨는지 모르겠습니다. 또 그렇게 상상도 못한 질문 앞에서 왜 그렇게 쉽게 대답을 했는지도 모르겠습니다. 아무리 생각해 봐도, 그날 아침에 어머니와 나는 이해할 수 없는 신비로운 힘에 끌려 결단했던 것이 틀림없습니다. 후에 안 일이지만, 그분이 바로 성령님이셨습니다.

마침 사촌 누이와 매형이 자신들의 결혼식을 올린 고향 교회를 찾아오던 길에 인사차 들렸습니다. 그러자 어머니는 망설이지도 않으시고, 다짜고짜 "우리도 교회 가기로 방금 결정했다. 우리도 같이 가자꾸나" 하시며, 앞장 서 가셨습니다. 우리는 30분도 채 안 되어서 예배당 안에 들어가 앉았습니다.

그렇게 우리는 생전 처음, 의자도 없는 시골 교회의 마룻바닥에 무릎 꿇고 앉아서 예배를 '구경'했습니다. 시간이 지나갈수록 무릎은 저리고 아팠지만, 마치 그 자리가 본디 내 자리였던 것처럼 익숙했습니다. 이해할 수 없는 놀라운 평안이 내 마음에 가득함을 느꼈습니다.

그날 나는 바울처럼 예수님을 만나지는 못했습니다. 물론, 그 후로도 육신의 눈으로 주님을 직접 뵌 적은 없습니다. 그러나 내 영혼은 설명할 수 없는 하늘의 평화를 경험했습니다. 그날 이후 나는 한 번도 예배를 빠져 본 적이 없습니다.

예수님을 인격적으로 만나고, 내 삶의 이유와 목적을 발견하며, 그분 앞에 엎드려 헌신하게 된 것은 꽤 오랜 후의 일이지만, 그날 이후 내 인생은 B.C.(Before Christ)와 A.D.(Anno Domini: in the year of our Lord)로 아주 분명하게 갈라졌습니다. 삶의 축이 유한한 나 자신으로부터 세상과 인생의 참된 주인이신 하나님께로 옮겨졌습니다. 사울이 바울이 된 것처럼, 죽음의 불안에서 생명의 소망으로, 무의미의 공포에서 의미와 목적이 있는 삶으로 느리지만 한 걸음씩 걸어왔습니다.

겉으로는 달라진 것이 하나도 없지만, 마음과 생각이 달라졌습니다. 환경이나 조건은 바뀐 것이 없지만, 삶과 죽음을 대하는 자세가 달라졌습니다. 이제는 살아도 좋고, 죽어도 좋다는 당당함이 생겼습니다. 가진 것도 없이 담대한 용기가 마음속에서 솟아나기 시작했습니다.

나는 교회에 첫발을 뗀 지 세 달도 안 되어 새벽 기도를 시작했습니다. 몇 달 후에는 자청해서 새벽 예배 시종을 치기 시작했습니다. 새벽의 맑은 공기를 마시며 교회로 달려가 경건한 마음으로 종을 칠 때, 내 영혼은 하늘 아버지의 품 안에서 온전한 평안을 경험했습니다. 그때 이후 내 심령에 깊이, 강하게 박힌 말씀이 있습니다.

"우리는 하나님의 작품입니다. 곧 하나님께서 미리 마련하신 대로 선한 생활을 하도록 그리스도 예수를 통해서 창조하신 작품입니다"(엡 2:10, 공동번역).

가끔 방황하기도 했고, 길을 찾아 헤맬 때도 없지 않았습니다. 하지만 "나는 왜 태어났는가? 어떻게 살아야 하는가? 단 한 번밖에 없는 삶을 어떻게 살 것인가?", "어머니 배 속에서부터 절에 다니던 나를, 그 시절부터 내 의식 깊은 곳에서 불러내신 분, 마침내 조그만 시골 예배당의 마룻바닥에서 나를 만나 주신 그분은 누구인가?", "그분이 내게 원하시는 것은 무엇인가?"에 대해 그분을 만난 그날부터 지금까지 조금씩 깨달아 가고 있습니다.

내 삶의 이유가 되시는 주님,
내 인생의 마지막 순간까지 나를 인도하소서.

2
무엇을 믿고 살 것인가?

나의 힘이신 여호와여 내가 주를 사랑하나이다(시 18:1, 개역개정).

찰나적인 힘과
영 원 한   힘

복음을 전하다 보면 듣게 되는 다소 과격한 말들 중 하나가 "하
나님을 믿으려면, 차라리 내 주먹을 믿어라!" 입니다. 법은 멀
고, 주먹은 가깝다는 것입니다. 눈에 보이지 않는 하나님을 믿
기보다는 차라리 주먹을 믿고 사는 것이 현실적인 것 같기 때
문입니다. 그래서 많은 이들이 태권도도 배우고 역기도 들면서
몸을 만들고, 배짱을 키우는 가 봅니다.

하지만 인간의 주먹이 얼마나 허약한 것인지를 깨닫는 데는 시
간이 별로 오래 걸리지 않습니다. 오히려 주먹만으로 문제를 해
결하다가는 더 큰 문제가 생긴다는 것을 금세 깨닫게 됩니다.

요즘, 무엇을 믿고 살고 있습니까? 주먹을 믿고 삽니까? 똑똑
한 머리와 재주를 믿고 삽니까? 아니면, 뒤를 봐주는 권력이나

쌓아 놓은 재물을 의지하고 삽니까?

세상에는 여러 가지 힘들이 있습니다. 권력(勸力), 금력(金力), 학력(學力), 근력(筋力) 등등. 이런 힘들은 나름대로 일정한 힘을 가지고 우리의 삶을 통제합니다.

권력의 힘, 얼마나 막강합니까? 죄 없는 사람도 죄인으로 만들고, 죄 있는 사람은 무죄 방면합니다. 심지어 살 사람은 죽이고, 죽을 사람은 살립니다. 멀쩡한 기업을 산산조각 내기도 하고, 돈 한 푼 없던 사람을 졸지에 갑부로 만들기도 합니다. 그래서 많은 이들이 이토록 막강한 권력을 한번 잡아 보려고 수단과 방법을 가리지 않습니다.

금력의 힘도 대단합니다. "유전무죄 무전유죄(有錢無罪 無錢有罪)"라는 말이 있을 정도입니다. 요즘 같은 물질만능주의 시대에 돈이 가진 영향력은 막강합니다. 오죽하면 "뭐니 뭐니 해도 머니(money)가 최고"라는 말을 하겠습니까?

요즘은 정보와 지식도 엄청난 힘을 가지고 있습니다. 오래전부터 "아는 것이 힘"이라고 했습니다. 정보는 돈이요, 권력입니다. 연예인들의 인기 또한 세상을 흔들 만큼 대단한 힘을 갖고 있습니다. 한 사람의 연예인이 웬만한 기업보다 더 막강한 부와 영향력을 갖고 있는 것이 요즘의 실정입니다.

하지만 이런 힘들에는 모두 한 가지 공통점이 있습니다. 일시적이고 찰나적이라는 것입니다. 다시 말해서 시간이라는 시험대 앞에서 모두 힘을 잃는다는 것입니다.

아무리 힘센 장사라도 세월 앞에서는 맥을 못 씁니다. 아무리 잘나가는 미모의 여배우도 나이 들면 별 볼일 없습니다. 3대 가는 부자 없고, 10년 가는 권세 없다고 했습니다. 퇴계 선생이 말하기를, "후생가외(後生可畏)"라고 했습니다. "젊은 후학들을 두려워 하라"는 뜻입니다. 학문의 세계에도 영원한 것은 없습니다. 세월이 가면 명성도, 인기도 다 사라져 갑니다.

이런 찰나적인 힘들과 달리, 모든 것을 무(無)로 돌리는 폭군 같은 시간 앞에서도 결코 무너지지 않는 힘이 있습니다. 바로 '신앙의 힘'입니다. 인생의 한계를 넘어 역사하시는 전능하신 하나님, 창조주 하나님을 믿는 믿음입니다.

어떤 이가 인간을 '미신적 인간', '과학적 인간', '신앙적 인간'으로 분류했습니다. 미신적 인간은 믿을 수 없는 것을 믿는 사람입니다. 과학적 인간은 눈에 보이는 것, 즉 측량하고 계산할 수 있는 것만 믿는 사람입니다. 미신적 인간은 거짓 속에서 방황하고, 과학적 인간은 인간의 한계 앞에서 절망합니다.

하지만 신앙적 인간은 인간의 이성의 한계를 인정하고, 인간의 한계를 뛰어넘는 초월적인 하나님의 영역을 겸손히 받아들입니다.

그래서 인간의 한계를 넘어 기꺼이 초월적 세계로 모험을 떠

날 수 있습니다. 그 초월적 영역의 힘으로 현실의 고난을 넉넉히 이겨 냅니다.

무슨 힘을 믿고 살고 있습니까? 무슨 힘을 의지하고 살고 있습니까? 주먹의 힘입니까? 권력의 힘입니까? 돈이나 지식이나 인기의 힘입니까? 하나님의 존재를 실험실에 있는 유리관으로 증명할 수 있습니까? 유한한 인간의 이성으로 하나님의 논리의 진위를 판단할 수 있습니까? 과연 인간의 이성의 법정에서 하나님을 판결할 수 있습니까?

내가 비록 보지 못했어도, 경험하지 못했어도, 나의 경험과 지식과 논리를 뛰어넘는 세계가 있음을 인정하는 사람. 그 초월적 힘을 의지하여 기적의 세계를 탐험하는 겸손한 사람. 삶의 조건을 뛰어넘어, 결코 흔들리지 않는 신앙의 사람. 권력의 줄이 다 끊어진 후에도 담대하고, 가진 돈을 다 잃고도 당당하게 살아가는 사람. 내 몸의 모든 기력이 다 쇠한 후에도 여전히 살 이유가 있는 사람. 내 지식과 배움에 한계를 드러낸 순간에도, 새로운 지식의 세계를 향해 모험할 수 있는 사람. 마지막 순간까지 그런 사람으로 살아가면 좋겠습니다.

자기 신념이라는
우 상

자기 신념을 우상화하는 사람들이 있습니다. 적극적으로 생각하고 그렇게 행동하면 무엇이든 이뤄진다는 것입니다. 그래서 혹자는 "내 사전에 불가능은 없다"라고 외칩니다. "할 수 있다", "하면 된다"는 말을 자신의 인생철학으로 삼고 살아갑니다.

하지만 분명한 사실이 있습니다. 인간의 신념은 대단한 것 같지만, 결코 전능하지 않다는 것입니다. 인간의 신념에는 반드시 한계가 있기 때문입니다.

아무리 신념이 강해도 태평양을 수영해서 건널 수는 없습니다. 아무리 높이뛰기를 잘해도 10층 건물을 뛰어넘을 수는 없습니다. 아무리 머리가 좋아도 역사상 존재하는 지식의 만분의 일도 제대로 이해하지 못합니다. '적극적 신앙'을 강조하는 이들은 빌립보서 4장 13절을 그 근거로 듭니다.

"내게 능력주시는 자 안에서 내가 모든 것을 할 수 있느니라."

그들은 "내게 능력 주시는 자 안에서"는 빼고, "내가 모든 것을 할 수 있다"라고 소리칩니다. 그러면서 적극적인 사고가 만능의 열쇠인 것처럼 선전합니다. 이는 분명히 잘못된 것입니다.

절반의 진실입니다. 사도 바울은 말했습니다.

"우리가 이 보배를 질그릇에 가졌으니 이는 심히 큰 능력은 하나님께 있고 우리에게 있지 아니함을 알게 하려 함이라"(고후 4:7, 개역개정).

질그릇이 무엇입니까? 흙으로 빚어 구워 만들었기 때문에 깨지기 쉬운, 아주 연약한 그릇입니다. 그렇게 흙으로 빚어진 인간 역시 연약한 존재입니다.

비록 우리가 발로 밟고 다니는 하찮은 흙으로 빚어진 연약한 존재이지만, 우리는 하찮은 존재가 아닙니다. 그 흙으로 빚어진 몸에 하나님의 '숨결(תוח: 영, 바람)'이 부어졌기에, 단순한 흙덩어리가 아닙니다. 우리는 하나님 형상을 닮은 거룩한 존재가 된 것입니다. 우리는 흙덩어리면서도 하나님의 숨결로 존재하게 된 이중적인 존재입니다. 약하면서도 강하고, 귀하면서도 동시에 겸손할 수밖에 없는 존재입니다.

그러므로 우리의 거룩함, 우리의 강함, 우리의 위대함은 결코 우리 자신에게 있지 않습니다. 우리 속에 불어넣어 주신 '하나님의 숨결'에 있습니다. 우리 안에 영원히 함께하려고 찾아와 계시는 '임마누엘 하나님'에게 있습니다.

그래서 우리의 신앙과 믿음, 그 자체가 위대한 것이 아닙니다. 우리의 믿음의 대상이신 하나님이 위대하신 것입니다. 초월적

인 하나님이신데도 당신의 피조물 가운데 와 계시는 사랑의
하나님이 위대하신 것입니다. 그래서 다윗은 외쳤습니다.

"여호와는 나의 힘과 나의 방패이시니 내 마음이 그를 의지하여 도움

을 얻었도다"(시 28:7, 개역개정).

"나의 힘이신 여호와여 내가 주를 사랑하나이다"(시 18:1, 개역개정).

하나님의 전능하심을
생 각 하 라

사람의 심장은 1분에 평균 60~70회 정도 수축한다고 합니다.
하루에 평균 약 10만 번 수축하는 것입니다. 사람이 70년을 산
다고 할 때, 심장은 자그마치 26억 번을 수축합니다. 심장이 한
번 뛸 때마다 80㎖의 혈액을 온몸으로 흘려보낸다고 합니다.
그 피의 양이 하루에 8천ℓ, 1년이면 약 292만ℓ로, 3만 2천ℓ 유
조차 약 92대의 분량입니다.
심장이 한 시간 동안 내는 힘은 75㎏의 사람을 3층짜리 건물
꼭대기로 올리는 힘이라고 합니다. 더욱 놀라운 것은 태어난
후 부터 죽는 순간까지 심장이 단 한 번도 쉬지 않고 뛴다는 것

입니다. 심장의 고장률은 역사상 인간이 만든 그 어떤 초정밀 기계보다 낮습니다.

이렇게 놀라운 심장이 저절로 만들어졌다고 할 수 있습니까? 정말 그렇게 생각하는 것이 논리적입니까? 오히려 고도의 지성을 가진 초월자가 특별한 창조의 능력으로 만들었다는 것이 더 논리적이지 않습니까?

지구와 태양 사이의 거리가 정확히 1㎝만 가까워도 모든 생물이 타 죽고, 1㎝만 멀어져도 얼어 죽습니다. 지구가 똑바로 서 있지 않고 약간 기울어져 있기에, 네 계절이 존재할 수 있습니다. 만일 그렇게 기울지 않았더라면 적도 부근에서는 모든 생물이 타 죽었을 것이고, 극지방에서는 너무 추워서 아무런 생물도 살지 못했을 것입니다. 이런 이야기는 몇 날 몇 밤을 새워 말해도 끝이 없습니다. 철학자 플라톤(Platon)은 말했습니다.

"전 세계 인구가 모두 힘을 합해도 파리 한 마리를 만들 수 없다."

우리의 믿음 자체는 아무것도 아닙니다. 다만, 우리가 믿고 의지하는 하나님이 위대하십니다. 그래서 유한한 자신을 의지하지 않고 위대하신 하나님을 바라보는 자들은 결코 절망하지 않습니다. 이사야는 고백했습니다.

"오직 여호와를 앙망하는(우러러 바라보는) 자는 새 힘을 얻으리니"(사 40:31, 개역개정).

우리는 천하보다 소중하지만, 동시에 몇 줌의 흙덩어리(먼지)로 지어졌기에 코에 숨결만 떨어지면 또다시 흙으로 돌아갈 존재입니다. 이를 잊지 말아야 합니다. 내 생명의 끈을 쥐고 계신 전능하신 하나님 앞에서, 겸허한 모습으로 그분을 바라보며 살아야 합니다.

돌보시는
하 나 님 의 사 랑

대개 힘센 사람은 약한 사람을 깔봅니다. 피곤한 자, 무능한 자를 무시합니다. 상처 입은 자들을 왕따시킵니다. 하지만 하나님은 전능하신 창조주임에도 불구하고 온 우주의 지극히 작고 연약한 자들을 돌보십니다. 고아와 과부를 돌보시며, 가난한 자와 핍박받는 자들을 외면하지 않으십니다. 상한 갈대를 꺾지 않으시고, 꺼져 가는 등불을 끄지 않으십니다.

"피곤한 자에게는 능력을 주시며 무능한 자에게는 힘을 더하시나니"(사 40:29, 개역개정).

전능하시면서도 약한 자들을 보호하고 살피시는 사랑의 하나님. 독수리의 튼튼한 날개도 지으셨지만, 조그만 종달새의 포근한 깃털도 지으신 하나님. 남자들의 강한 근육도 지으셨지만, 갓난아이의 손등에 솜털도 지으신 하나님. 그 하나님은 사랑의 하나님이십니다.

하나님은 누구보다 강하시기에 어떤 어려움도 도와주실 수 있습니다. 누구보다 따뜻하시기에, 어떤 사람도 용서하고 품어 주십니다. 그래서 어떤 신학자는 이렇게 말했습니다.

"하나님이 만일 힘만 있고 긍휼이 없는 비정한 폭군이었다면, 세상은 온통 피비린내 나는 지옥이 되었을 것이다. 하나님이 만일 사랑만 있는 무능한 군주였다면, 세상은 온통 배고프고 추운 절망의 땅이 되었을 것이다. 하지만 하나님은 전능하셔서 우리의 모든 문제를 풀어 주신다. 하나님은 사랑이셔서 우리를 있는 그대로 받아 주신다."

2,000년 전, 예수님이 제자들에게 말씀하셨습니다.

"세상에서는 너희가 환난을 당하나 담대하라 내가 세상을 이기었노
라"(요 16:33, 개역개정).

예수님은 "나를 믿으면 인생의 모든 문제가 저절로 다 풀린다"고
말씀하지 않으십니다. 오직 "환난을 당하나 담대하라"고 말씀하
십니다. 예수님은 우리를 능히 도우실 수 있는 전능하신 하나님
입니다. 우리를 위해 기꺼이 죽으신 사랑의 하나님입니다. 그렇
기에 역경 중에 있는 우리를 언제나 기쁨으로 도와주십니다.
그렇다고 우리가 예수님을 믿는 순간, 우리의 모든 문제를 저
절로 풀어 주시는 것은 아닙니다. 모든 근심과 걱정거리를 한
꺼번에 해결해 주겠다고 약속하신 적도 없습니다. 다만, 성경
곳곳에서 주님은 약속하십니다. "내가 너와 함께하겠다. 그러
니 두려워 마라. 내가 너를 도와주리라"고 말씀하십니다.

"내가 너와 함께 있어 네게 복을 주고"(창 26:3, 개역개정).

"내가 너와 함께 있어 네가 어디로 가든지 너를 지키며"(창 28:15, 개역
개정).

"내가 모세와 함께 있었던 것같이 너와 함께 있을 것임이니라 내가 너
를 떠나지 아니하며 버리지 아니하리니"(수 1:5, 개역개정).

"내가 반드시 너와 함께하리니"(삿 6:16, 개역개정).

"내가 세상 끝 날까지 너희와 항상 함께 있으리라"(마 28:20, 개역개정).

위로부터 오는 힘을
의 지 하 라

이민 가서 남부럽지 않게 성공한 분이 있었습니다. 그분이 나이 60에 말기 암으로 병원에 입원하게 됐습니다. 많은 이들이 문병을 와서 말했습니다.

"힘내세요."

그때마다 그는 쓴웃음을 지으며 대답했습니다.

"고맙습니다."

그러면서도 속으로는 '낼 힘이 없는데, 무슨 힘을 내란 말인가?' 하고 생각했습니다.

한번은 목사님이 찾아와서 말했습니다.

"이제까지 혼자 힘으로 대단한 인생을 사셨습니다. 이제는 도움을 받으셔야 할 때입니다."

궁금해진 그가 물었습니다.

"그게 무슨 말입니까? 도움을 받다니, 누구에게 말입니까?"

목사님은 천지를 창조하신 하나님을 소개하고는, 이사야 40장 말씀을 읽어 주었습니다.

> "오직 여호와를 앙망하는 자는 새 힘을 얻으리니 독수리가 날개 치며 올라감 같을 것이요 달음박질하여도 곤비하지 아니하겠고 걸어가도 피곤하지 아니하리로다"(사 40:31, 개역개정).

목사님이 다녀가신 후, 그는 아내에게 이렇게 말했습니다. "힘없는 내게 모두 '힘내라'고 해서 오히려 절망만 되더니, 목사님이 오셔서 '힘 있는 하나님의 도움을 받으라'고 하시고 기도해 주시는데, 정말 힘이 생기는 것 같았소."

힘없는 사람에게 "힘내라"는 말은 하나 마나 한 말입니다. 죽어 가는 사람에게 "죽지 말라"는 말도 소용없는 말입니다. 하지만 천지를 창조하신 하나님, 인생의 주인이신 하나님을 바라보기 시작하는 순간, 인간의 생각이나 상상력을 초월한 하나님의 놀라운 기적과 도움을 받을 수 있습니다. 우리의 힘이신 하나님을 앙망할 때, 독수리처럼 날아오르는 새 힘을 받습니다.

독수리와 참새가 나는 방식이 다르다는 것을 아십니까? 참새는 오직 자신의 힘으로만 날기 때문에 계속해서 날개를 흔들어야 합니다. 반면 독수리는 바람의 기류를 타며 납니다. 그래서 처음 얼마 동안만 힘을 쓴 후에, 날개를 펴고 기류에 몸을 맡기며 우아하게 비행합니다. 참새는 날개 치며 공중에 떠 있는 모습조차 안쓰럽게 보입니다. 하지만 독수리가 활공하는 모습은 감탄을 자아낼 만큼 아름답습니다.

나비와 나방의 차이를 아십니까? 나비는 태양으로부터 활동에 필요한 에너지를 얻습니다. 반면에 나방은 자기 힘으로 에너지를 얻습니다. 나비는 아침이 되면 가만히 앉아서 젖은 날개를 말리며 햇볕을 받습니다. 그러고 나면 힘을 얻어 우아한 자태로 하늘을 날아오릅니다. 하지만 나방은 오직 자기 힘으로 날기에, 날기 한참 전부터 힘을 다해 파닥거리며 에너지를 충전해야 합니다. 그러고 나서 날아다니는 모습을 보면, 힘겹고 안쓰럽습니다.

당신은 참새입니까, 아니면 독수리입니까? 나방입니까, 아니면 나비입니까?

전능하신 하나님을 알지 못하거나, 하나님을 알지만 그분의 무한한 자원과 힘을 공급받지 못하고 오직 자신의 힘으로만 살아가는 사람들은, 사는 것 자체가 힘듭니다. 무슨 일을 당하든지 혼자 힘으로 판단하고 결정하고 해결해야 하기 때문입니다.

그래서 어려운 일을 당할 때마다 쉽게 절망합니다.

하지만 전능하신 하나님을 온전히 의지하는 사람들은 항상 여유가 있습니다. 언제나 마음이 든든합니다. 남들이 모르는 평안과 넉넉함이 있습니다.

언제까지 나방처럼 홀로 몸부림치겠습니까? 위로부터 오는, 전능하신 하나님의 힘으로 살아야 합니다. 나의 현실과 조건만 내려다보며 한숨짓지 말고 전능하신 하나님, 사랑이신 하나님을 우러러 바라봐야 합니다.

나의 약함을 인정해야,
자 유 할 수 있 다

사람들은 너, 나 할 것 없이 자신의 치부를 드러내기를 싫어합니다. 속으로는 썩어 들어가는데도, 그것을 인정하고 싶지 않습니다. 남들에게는 그저 좋은 모습만 보여 주고 싶어 합니다. 심지어 전지전능하셔서 우리의 모든 형편을 있는 그대로 다 아시는 하나님께조차 좋은 모습만 보여 드리고 싶습니다. 그래서 가면을 씁니다. 가면 속에서 통곡하고, 몰래 눈물짓습니다.

예배 후, 성도들을 배웅하면서 물었습니다.

"요즘 어떠세요?"

"좋습니다."

그렇게 습관처럼 주고받습니다. 그러다가 가끔 정색하면서 묻습니다.

"집사님, 요즘 정말 어떠시냐고요?"

그러면 당황해서 눈치를 보다가, 눈물을 글썽이며 대답합니다.

"목사님, 솔직히 요즘 죽겠습니다. 아니, 정말 죽고 싶습니다."

문제를 해결하기 위해서는 솔직해야 합니다. 남들이 보기에는 괜찮은 것 같지만, 전혀 괜찮지 않다는 사실을 인정해야 합니다. 남들이 보기에는 다 좋은 것 같지만, 그렇게 다 좋은 것만은 아니라는 사실을 인정해야 합니다. 남들이 보기에는 내가 무엇이든 다 할 수 있는 능력자인 것처럼 보이지만, 내 심령 깊은 곳에는 남들이 모르는 아픔과 고독과 실패감과 연약함이 있다는 사실을 인정해야 합니다. 그렇게 솔직하게 인정하고, 도움을 요청해야 합니다.

나의 약함을 인정하지 않는 한, 그 약점을 극복할 수 없습니다. 나의 모자람을 인정하지 않는 한, 그 모자람을 결코 보충할 수 없습니다. 나의 미숙함을 인정하지 않는 한, 온전히 성숙할 수 없습니다.

환자가 의사를 속이면 병을 고칠 수 없습니다. 그래서 환자는 의사 앞에서 반드시 솔직해야 합니다. 아픈 곳을 숨겨서도 안 되고, 부끄럽다고 환부를 감춰서도 안 됩니다. 다 드러내 보여야 합니다. "여기, 여기가 아픕니다"하고 말할 수 있어야 합니다.

"난 암에 걸리지 않았어. 그저 조금 피곤할 뿐이야."

고집을 부리는 한, 암은 절대로 고칠 수 없습니다.

"난 알코올 중독자가 아니야. 그저 남보다 조금 많이 마실 뿐이지."

자신을 속이는 한, 알코올 중독은 결코 치유될 수 없습니다.

"우리 부부 사이에는 전혀 문제가 없어. 간섭하지 마."

그렇게 숨기는 한, 부부의 문제는 절대로 해결될 수 없습니다.

알코올 중독자 치료기관에서 하는 첫 번째 치료 단계는 자신이 중독된 사실을 솔직하게 인정하게 하는 것이라고 합니다.

"나는 알코올 중독자입니다. 나는 내 의지와는 달리 술을 먹습니다. 나를 억제할 수 없습니다. 도움이 필요합니다. 나를 도와주십시오."

자신의 문제를 인정하지 않는 사람에게는 그 어떤 치료도 도움이 되지 않습니다. "나는 암 환자입니다"라고 인정하는 순간부터 암은 치료될 수 있습니다. "우리 부부 사이에는 문제가 있습니다" 하고 솔직하게 인정하는 순간부터 그 문제를 풀어 갈 수 있습니다. "나는 미숙한 사람입니다"라고 솔직하게 인정하는 순간, 성숙하기 시작합니다. "나는 아내에게 상처를 주었습니다"라고 인정하는 순간, 좋은 남편이 되기 시작합니다. "나는 자녀들에게 좋은 아버지, 어머니가 되지 못했습니다"라고 솔직하게 인정하는 순간, 벌써 좋은 아버지, 어머니가 되는 첫걸음을 내딛는 것입니다.

나는 전지전능한 하나님이 아님을 솔직하게 인정해야 합니다. 나는 이 세상 어떤 것보다 소중한 존재이지만, 코에 숨결만 떨어지면 몇 줌의 흙으로 돌아갈 연약한 존재라는 이 사실을 기억해야 합니다. 나는 창조주 하나님이 아니라, 창조주의 도움을 필요로 하는 유한한 피조물임을 인정해야 합니다. 그리고 하나님의 도우심을 겸손하게 요청해야 합니다.

사실 이제까지 내 나름대로의 왕국을 건설하고 그 왕국의 왕으로 군림하던 내가, 나의 연약함을 인정하고 참된 왕 앞에 무릎을 꿇는다는 것은 쉽지 않습니다. 내 자존심, 내 자아가 쉽게 허락할 수 없는 일입니다. 그래서 생의 이 전환점 앞에서 많은 사람들이 주저합니다.

어떤 이들은 완전히 정반대로 돌아서서, 망하는 한이 있어도 "나는 내 길을 가겠다"라고 선언합니다. 실존주의 철학자 니체가 만들어 낸 '초인' 자라투스트라는 그렇게 탄생된 괴물입니다. 그러나 인간의 한계성을 인정하고 돌아서는 것은 결코 자기 포기가 아닙니다. 오히려 자신의 올바른 정체성을 깨닫고 건강한 자아, 참된 자신을 되찾는 유일한 길입니다. 인간의 한계성을 인정하고 겸허하게 창조주 앞에 엎드려 도우심을 구할 때, 전에는 상상도 못한 새로운 차원의 세계와 삶으로 들어서게 됩니다. 삶의 모든 문제를 유한한 나의 지혜와 능력으로 풀어야만 한다는 중압감과 무모하고 헛된 의무감에서 해방됩니다. 오히려 온전하고 참된 자유를 경험하게 되는 것입니다. 그래서 토머스 아 켐피스(Thomas a Kempis)는 말했습니다.

"참된 자유는 온전한 순종에서 온다."

주님의 부르심,
"있는 모습 그 대 로   와 라"

노신사가 미국의 한 거리를 운전해서 가고 있었습니다. 그런데 길옆에 고장 난 자동차 한 대가 서 있고, 한 젊은이가 보닛을 열고 뭔가를 들여다보고 있었습니다. 노신사는 차를 세우고, 고개를 갸우뚱거리는 청년에게 다가가 물었습니다.
"무슨 문제라도 있습니까?"
"글쎄, 시동이 안 걸립니다. 아무리 봐도 모르겠어요."
노신사가 말했습니다.

"제가 한번 봐도 될까요?"

젊은이가 웃으면서 말했습니다.

"1급 정비사인 제가 봐도 모르겠는데, 노인께서 고치시겠습니까? 공연히 수고하실 필요 없습니다."

노신사는 다시 간청했습니다.

"그래도 한번 볼 수 없을까요?"

"그러세요. 아마 별수 없을 겁니다."

노신사는 차를 살피고 몇 군데를 두드린 후 말했습니다.

"이제 시동을 한번 걸어 보시오."

젊은이가 못 믿겠다는 표정으로 시동을 거는데 웬걸, "부르릉" 하고 시동이 걸렸습니다. 그는 차에서 황급히 내려와 노신사에게 인사하며 물었습니다.

"누구시기에 1급 정비사인 저도 못 고치는 것을 고치셨습니까?"

그러자 노신사는 웃으며 대답했습니다.

"제가 이 자동차를 만든 헨리 포드입니다."

고장 난 자동차를 가장 확실하게 고칠 수 있는 사람은 1급 정비사가 아니라, 그 차를 만든 사람입니다. 인생에 문제가 생겼을 때, 가장 확실하게 그 문제를 고칠 수 있는 분도 그 인생을 지으신 창조주 하나님입니다.

세상에는 정말 똑똑한 사람들이 많습니다. 젊은 1급 정비사처

럼 자신의 실력만 과신한 채, 누구의 도움도 필요 없다고 생각
합니다. 그들은 문제가 생겼을 때, 혼자 힘으로 애씁니다. 그러
다가 도저히 어찌할 수 없는 벼랑 끝에서야 맥없이 무너져 내
리고 쉽게 절망합니다. 그런 이들에게 하나님은 여러 사람을
통해, 여러 가지 방법으로 다가가 말씀하십니다.

"내가 한번 보면 안 될까?"

그러나 "1급 정비사인 내가 못 고치는 것을 당신이 무슨 재주
로 고치겠습니까?" 하며 헨리 포드를 무시한 젊은 정비사처럼,
사람들은 하나님의 요청을 비웃습니다.

"내 인생을 나 외에 누가 더 잘 알겠어? 아무리 봐도 이젠 더 해
결할 방법이 없는 것을 보니, 내 인생도 여기서 끝이구나."

이렇게 절망하고 포기합니다. 자신이 못하면 하나님도 못하실
것이라고 생각합니다. 너무 쉽게 한 번밖에 없는 삶을 포기합
니다.

"다 틀렸다. 이젠 끝났다."

하지만 우리를 지으신 창조주 하나님은 말씀하십니다.

"아직 희망을 버리지 마라. 내가 있잖니? 내가 고쳐 주마."

인간의 절망은, 하나님의 희망입니다. 인간이 주저앉은 바닥은,
하나님의 기적이 일어나는 장소입니다. 인간의 노력의 끝은, 하
나님의 축복의 시작입니다. 이를 믿는 것이 바로 신앙입니다.

많은 이들이 하나님을 오해합니다. 길목에 숨어 있다가 신호를

위반하는 차를 붙잡아 고발하는 교통경찰처럼, 하나님은 하늘 위에서 죄짓는 사람들을 가만히 살펴보다가 갑자기 벼락을 떨어뜨리는 분이라고 오해합니다. 죄인들을 몽땅 지옥 불에 집어넣기 위해, 하늘 높은 곳에서 근엄하게 재판장처럼 앉아 있는 분으로 생각합니다.

그러나 적어도 내가 만난 하나님은, 내가 성경에서 배우고 지금도 믿고 의지하는 하나님은 공의이시기 전에 사랑이신 분입니다. 심판자이시기 전에 먼저 자비로우신 아버지입니다. 인생들을 심판하기 원하시는 분이 아니라, 모든 인생이 다 복된 인생을 살기를 원하시는 분입니다. 고달픈 인생길에서 지친 사람들을 쉬게 하시는 분입니다. 지혜가 부족한 이들에게 후히 주시고 꾸짖지 않으시는 분입니다. 죄인들을 심판하러 오신 분이 아니라, 죄인들을 위해 죽으러 오신 분입니다.

하나님은 "네 죄를 다 해결하고 깨끗한 몸으로 와라"하고 말씀하시는 분이 아닙니다. "있는 모습 그대로 와라. 내가 너를 도우리라"고 하시는 분입니다. "술 끊고, 담배 끊고, 네 주변을 다 정리하고 오면 받아 주겠다"고 하시는 분이 아니라, "너 혼자서는 술 하나 제대로 못 끊고, 네 혼자 힘으로는 네 삶도 깨끗하게 정리 못할 거야. 네 의지와 지혜만으로는 네가 벌여 놓은 실수들조차 제대로 정리할 수 없을 거야. 그러니 그냥 있는 그대로 오렴. 내가 도와주마" 하고 말씀하시는 사랑의 아버지

이십니다.

고치는 것은 하나님이 하십니다. 끊게 하는 것도 그분이 하십니다. 회개하는 것도, 우리의 힘과 결단과 마음만으로는 불가능합니다. 주님의 관심은 우리가 지금 옳으냐, 그르냐를 따지는 데 있는 것이 아니라, 지금 우리가 상처 받고, 아파하고, 낙심하고, 피곤하다는 그 사실에 있습니다.

그러므로 우리가 할 수 있는 일은 아주 간단합니다. 있는 모습 그대로, 나를 부르시는 그분 앞으로 나아가는 것입니다. 겉을 꾸미고 포장하려고 노력해도, 그분은 우리의 겉모습에 속지 않으십니다. 그러니 그런 헛된 시도를 할 필요가 없습니다. 잔꾀를 부릴 필요가 없습니다. 내 모습 이대로 꾸밈없이 그냥 나아가 도움을 요청하면 됩니다.

"주님, 저 힘들어요. 답답합니다. 괴로워요. 도와주세요."

지혜가 부족한 자에게 후히 주시고 꾸짖지 않으시는 하나님이 우리를 도와주실 것입니다. 우리를 새롭게 하실 것입니다. 그분이 주시는 새 힘으로 다시 힘차게 일어날 것입니다.

나의 힘이 되신 여호와여,
내가 주를 사랑합니다.

3

무엇을 바라며 살 것인가?

오직 여호와를 앙망하는 자는 새 힘을 얻으리니 독수리가 날개 치며
올라감 같을 것이요 달음박질하여도 곤비하지 아니하겠고 걸어가도
피곤하지 아니하리로다(사 40:31, 개역개정).

무엇을 바라 보고
있 는 가 ?

한 구두판매원이 판매 시장을 확장하기 위해 아프리카의 한 부
족을 찾아갔습니다. 막상 찾아가 보니, 신발을 신은 사람이 한
명도 없었습니다. 그는 절망하며 본사에 전문을 보냈습니다.
"모든 주문 취소. 이들은 신발을 신지 않기에 구두를 판매할 가
능성이 전혀 없음."
얼마 안 있어 다른 판매원이 같은 부족을 찾았습니다. 한 사람도
신발을 신지 않은 것을 보고, 크게 기뻐하며 전문을 보냈습니다.
"주문량을 2배로 보내 줄 것. 한 사람도 신발을 신지 않았기에
모두가 고객이 될 가능성이 있음."

똑같은 부족을 찾아갔습니다. 똑같은 조건이었습니다. 그런데

한 사람은 가능성이 없다고 생각했고, 다른 한 사람은 가능성이 무한하다고 판단했습니다. 무엇의 차이입니까? 시각의 차이입니다. 보는 눈이 달랐습니다. 한 사람은 부족민들의 맨발을 보고 포기했고, 다른 사람은 같은 맨발을 보며 희망을 가졌습니다. 똑같은 고통을 겪으면서도 어떤 사람은 절망하고 낙담하는데, 어떤 사람은 새로운 희망을 발견합니다. 똑같이 부도가 났는데 어떤 사람은 포기해 버리고, 어떤 사람은 그것을 새롭게 시작하는 기회로 삼습니다.

사람들로 붐비는 거리에서 상점을 운영하던 사람이 있었습니다. 그는 꿈을 가지고 성실하게 일해서 어느 정도의 성공을 이뤘습니다. 그러던 어느 날 갑자기 화재가 발생해서 값비싼 물건들이 모두 타 버리고 말았습니다. 지나가는 사람들이 혀를 차며 말했습니다.

"열심히 노력하던 사람이었는데, 참 안 됐군. 이젠 다 끝났어."
그런데 다음 날 아침, 불탄 상점 앞에 광고가 붙었습니다.
"몽땅 타 버렸습니다. 그래서 내일, 새롭게 다시 시작합니다."
이 글을 읽는 모든 사람들이 그 주인의 용기와 끈기와 당당함에 찬사를 보냈습니다. 그리고 새롭게 시작될 상점을 축복하며, 함께 재기를 도왔다고 합니다.

모두 타 버린 후, 남들처럼 포기할 수도 있었습니다. 하지만 그 주인은 남들이 다 포기하는 그 절망의 바닥에서 다시 하겠다고 일어섰습니다. 그 용기에 사람들이 감동한 것입니다.

모두가 포기하는 절망의 바닥에서 다시 일어서겠다고 결단하는 것은 참으로 위대한 일입니다. 모두가 절망하고 포기하는 실패의 잿더미 위에서 새로운 희망과 기회를 찾아내 일어서는 사람은 참으로 위대한 사람입니다. 돈을 많이 벌어서 위대해지는 것이 아닙니다. 권력의 높은 자리에 올라서 위대해지는 것도 아닙니다. 남들은 포기할 수밖에 없는 처절한 실패의 현장에서도 희망의 싹을 찾아내 새로운 꿈을 꾸는, 그 긍정적 시각과 끈기가 사람을 위대하게 만듭니다.

찰스 스윈돌(Charles R. Swindoll)은 이렇게 말했습니다.

> "명성이란, 이뤄질 수 없는 것을 찾아 그것을 이룰 때 얻어지는 것이다."

사람이 왜 낙심하고 절망하고 포기합니까? 희망을 보지 않고, 절망을 보기 때문입니다. 가능성을 보지 않고, 불가능한 것만을 보기 때문입니다. 빨간 안경을 쓰고 보면 온 세상이 빨갛게 보이고, 파란 안경을 쓰고 보면 온 세상이 파랗게 보입니다. 절망의 눈으로 보면, 온 세상이 절망적으로 보입니다. 그러나 희망의 눈으로 보면, 모든 문제가 다 가능해 보입니다.

당신은 어떤 시각으로 세상을 봅니까? 어떤 눈으로 사물을 봅니까? 보는 눈에 따라 세상이 전혀 달라 보일 것입니다.

그리스도인이란 어떤 사람들입니까? 눈에 보이는 절망적인 환경과 나의 연약함을 넘어서서, 전능하신 하나님을 바라보는 사람들입니다. 보이는 것에 매이지 않고, 눈에 보이는 장애물들을 믿음으로 뚫고 나아가는 사람들입니다. 사도 바울은 고백했습니다.

> "사실 우리는 보이는 것으로 살아가지 않고 믿음으로 살아갑니다"(고후 5:7, 공동번역).

주어진 환경은 녹록지 않고, 그것을 헤쳐 나가기에는 제대로 준비되지 않은 사람들이 있습니다. 싸움을 돋우며 다가오는 거인 골리앗 앞에 서 있는 소년 다윗처럼. 물 위를 걸어오시는 예수님을 보고 일시적으로 흥분해서 바다에 뛰어내리기는 했지만, 넘실거리는 검푸른 물결을 보고 두려움에 싸인 베드로처럼…. 눈감고 기도할 때는 세상을 정복할 것 같지만, 눈뜨고 현실을 바라볼 때는 절망할 수밖에 없는 존재들이 있습니다. 바로 우리 그리스도인들의 모습입니다.

그렇기 때문에 자신을 믿을 수 없고, 오직 하나님의 은총에 매달릴 수밖에 없습니다. 전능하신 하나님으로 인해 더욱 소망과 용기와 담력을 얻을 수 없는 인생들, 그게 바로 우리 그리스도인들의 모습입니다. 그래서 그리스도인들은 세상 앞에서도 두려워하지 않고, 연약한 나를 돌아보면서도 낙심하지 않습니다. 오직 우리 존재의 근원이신 하나님만 바라봅니다. 오직 그분 안에서만 유일한 희망을 찾습니다. 그래서 오히려 강한 사람들입니다.

꿈이 있는 자,
새 힘을 얻으리니

누가 새 힘을 얻습니까? 불황과 초유의 실업 사태와 구직 대란과 희망 없는 정치, 갈수록 포학해져 가는 사회를 돌아보는 사람은 절망할 것입니다. 환경에 비해 자신이 할 수 있는 일이 별로 없다는 사실을 깨닫고, 연약한 자신을 돌아보는 사람은 낙심할 것입니다.

그러나 모든 시련과 역경, 심지어 우리의 연약함과 실수까지도 합해서 최고의 선을 만들어 가시는 하나님을 우러러 바라보는 사람은 새 힘을 얻을 것입니다.

"오직 여호와를 앙망하는 자는 새 힘을 얻으리니 독수리가 날개 치며 올

라감 같을 것이요 달음박질하여도 곤비하지 아니하겠고 걸어가도 피곤

하지 아니하리로다"(사 40:31, 개역개정).

'새 힘'이란 어떤 힘입니까? 하나님이 주시는 새 힘은 정권이

나 재물이나 명예 같은, 인간의 유한한 힘이 아닙니다. 하늘로

부터 내려오는 신령한 영적 힘입니다. 세상에서는 찾을 수 없

는, 전혀 '새로운 힘'입니다. 벙어리에게 말을 주고, 눈먼 사람

에게 빛을 주고, 청년에게 비전을 주고, 노인에게 꿈과 소망을

주는 새 힘입니다.

탕자 어거스틴(Augustine)을 성자로, 깡패 김익두를 신령한 목사

로 변화시키는 새 힘. 조지 뮐러(George Müller)의 기도를 통해 수

천 명의 고아들을 부족함이 없이 채워 주는 새 힘. 여든의 나이

에도 웨슬리(John Wesley)로 하여금 피곤을 느끼지 않고 끝까지

사명을 감당하게 했던 새 힘. 하나님은 그분을 바라보는 모든

자에게 '새 힘'을 부어 주기를 원하십니다.

2,000년 전, 마가의 다락방에서 120명의 제자들이 하나님이

약속하신 성령을 기다리며 온전히 기도했습니다. 그때 하나님

은 그들에게 새 힘을 부어 주셨습니다. 그 놀라운 힘에 사로잡

힌 이들이 세계 각지에서 온 사람들에게 여러 방언으로 놀라

운 축복의 메시지를 전했습니다. 그러자 사람들이 놀라서 외쳤

습니다.

"저들이 술에 취했구나!"

하나님이 부어 주시는 새 힘은, 절망하는 이에게 희망을 줍니다. 용기를 잃은 이에게 용기를, 꿈을 잃은 자에게 새로운 꿈을, 사망의 그늘에 있는 자에게 생명을 공급하는 '하나님의 능력'입니다.

새 힘을 얻기 원하는 자마다 하나님을 앙망해야 합니다. 어려운 현실만 돌아보며 절망하지 말고, 시련을 통해 사랑하는 자녀들을 연단하시는 하나님의 섭리의 손길을 바라봐야 합니다. 어떤 시련 속에서도 신령한 영적 힘을 받아 능히 세상을 이기는 하나님의 사람이 되고 싶다면, 여호와를 앙망해야 합니다. 망해 가는 조국을 바라보며 절망하던 예레미야에게 하나님은 위대한 회복의 꿈을 주셨습니다. 망해 버린 지 70년이 다 되어 가는 조국, 전혀 희망이 없어 보이는 조국을 바라보던 에스겔에게 하나님은 골짜기에서 해골 떼가 일어나는 환상을 보여 주셨습니다. 같은 시기에 하나님은 이사야를 통해서 위대한 꿈을 선포하셨습니다.

"일어나라 빛을 발하라 이는 네 빛이 이르렀고 여호와의 영광이 네 위에 임하였음이니라"(사 60:1, 개역개정).

76

하나님은 꿈의 하나님이십니다. 하나님은 비전과 환상의 하나님이십니다. 하나님은 현실의 조건과 환경에 결코 매이지 않으십니다. 어렵고 힘들 때, 삶의 모든 조건이 절망할 수밖에 없는 그때, 오히려 그분의 백성들에게 꿈과 비전과 환상을 부어 주십니다. 야곱은 하늘 문이 열리고 천사가 오르락내리락하는 신비한 환상을 언제 봤습니까? 집에서 편안하게 잠자던 때가 아니라, 집에서 쫓겨나 광야에서 돌베개를 베고 자던 때입니다. 예레미야, 에스겔, 이사야, 다니엘이 언제 조국 회복의 환상을 봤습니까? 민족과 국가가 망해 버려 어렵고 답답할 때, 더 이상 어디에서도 희망의 기미조차 발견할 수 없을 때입니다.

성도들에게 '꿈'은 그냥 단순한 꿈이 아닙니다. 절망의 순간에 하나님이 보여 주시는 희망의 메시지요, 그것을 믿음으로 수용하며 붙잡는 신앙의 표현입니다. 하나님은 꿈을 가진 사람들, 신앙을 가진 사람들을 통해 역사를 바꾸시고, 사람을 변화시키시며, 오늘 처한 현실과 환경을 새롭게 만들어 가십니다. 그 하나님이 말씀하십니다.

> "일을 행하시는 여호와, 그것을 만들며 성취하시는 여호와, 그의 이름을 여호와라 하는 이가 이와 같이 이르시도다 너는 내게 부르짖으라 내가 네게 응답하겠고 네가 알지 못하는 크고 은밀한 일을 네게 보이리라"(렘 33:2~3, 개역개정).

"묵시가 없으면 백성이 방자히 행하거니와"(잠 29:18, 개역개정).

묵시란, 다른 말로 꿈입니다. 꿈이 없는 백성은 망할 수밖에 없습니다.

일제 때, 일본이 가장 악랄하게 행한 침략 정책이 있었습니다. 조선인의 마음속에서 꿈을 빼앗아 가는 것이었습니다.

"조선 사람은 이래서 틀렸어."

"조선 사람은 맞아야 말을 들어."

일본인들은 우리 민족의 의식 속에 부정적인 자아상을 심어 놓았습니다. 미래에 대한 우리의 모든 꿈들을 짓밟아 버렸습니다. 그때 민족 지도자들이 했던 가장 중요한 일은 꿈을 지키는 것이었습니다. 2,000만 동포가 꿈을 잃어버리지 않게 하는 것이었습니다.

"조선은 반드시 독립한다."

"일본은 꼭 물러간다."

남산공원에 우뚝 서 있는 백범 선생의 일지에는 그분의 꿈이 적혀 있습니다. 백범 김구의 이 위대한 꿈 때문에 오늘의 대한민국이 존재하게 된 것입니다.

"하나님이 만일 내게 네 소원이 무엇이냐 묻는다면 나는 대한의 독립이라 말하겠습니다. 하나님이 만일 내게 네 소원이 무엇이냐 두 번째로 묻는다면, 나는 그때에도 대한의 독립이라 말하겠습니다. 하나님이 세 번째로 또 네 소원이 무엇이냐 묻는다면, 나는 또 대한의 독립이라 말하겠습니다. 나는 대한의 독립을 위해 밥을 먹고, 대한의 독립을 꿈꾸면서 잠을 잡니다."

어떤 이들은 "꿈이 밥 먹여 주냐?" 하고 비웃습니다. 옳습니다. 꿈이 당장 밥 한술을 먹여 주진 않습니다. 그러나 분명한 것은 꿈이 없는 사람, 꿈이 없는 교회, 꿈이 없는 민족에게는 결코 영광된 미래가 있을 수 없다는 사실입니다.

그래서 일제 때 애국지사들은 목숨을 바쳐서 꿈을 꾸었고, 그 꿈을 지키려고 목숨을 버렸습니다. 일제 침략자들은 그 꿈을 빼앗기 위해 온갖 수단과 방법을 가리지 않았습니다.

꿈을 꾸며, 꿈을 간직하고, 꿈을 이루기 위해 피땀을 흘리는 것, 이것은 일종의 전쟁입니다. 우리의 내일을 걸고 싸우는 중요한 싸움입니다.

주변의 환경과 조건에 매이지 않고, 오직 여호와를 앙망하며, 하나님이 주신 위대한 꿈을 지켜 가는 위대한 꿈의 사람(visionary)이 그립습니다.

오늘 아무리 힘들고 어려워도 반드시 위대한 미래가 기다리고 있을 것을 기대하며, 꿈을 꾸고, 그 꿈을 이루기 위해 헌신하는 그리스도인들이 있을 때, 이 땅은 거룩한 하나님의 도성이 될 것입니다.

어떤 꿈인지가 중 요 하 다

꿈이라고 다 좋은 꿈이 아닙니다. 어떤 꿈은 개꿈일 수 있습니다. 어떤 꿈은 하나님을 제쳐 놓고 내 맘대로 꾸는 욕망이나 야 망일 수 있습니다.

잠언 29장 18절에 나온 '묵시'는 히브리어로 '카존(חזון)'이라고 하는데, 이는 내 마음대로 내 속에서 꾼 야망이나 욕망이 아닙 니다. 하나님의 뜻을 이루고자 열망하는 사람들에게 부어 주시 는 하나님의 비전입니다. 하나님이 주시는 꿈, 카존. 이것만이 성경에서 말하는 진짜 꿈입니다. 그리고 진짜 꿈만이 온전히 이뤄질 수 있습니다.

사람이 제멋대로, 제 욕심을 따라 꾼 야망과 욕망은 이뤄질 수 도 없겠지만, 혹시 이뤄진다 해도 별것 아닐 때가 많습니다. 마 치 사막에 나타나는 신기루처럼, 가짜 꿈들은 사람을 이리저리

끌고 다닙니다. 그러다가 결국은 사막 한가운데서 지치고 절망
하고 낙심하여 죽게 만듭니다. 그러므로 내가 꾸고 있는 꿈이
참다운 꿈, 즉 '카존'인지를 늘 확인해야 합니다.

진실로 그 꿈이 하나님께로부터 온 것인가? 내 욕심에서 비롯
된 것은 아닌가? 그 꿈이 단지 일시적이고 세상적인 것은 아닌
가? 참으로 영원히 변치 않는, 영원한 가치가 있는 꿈인가?
수시로 점검해야 합니다. 성령님의 이끄심에 민감해야 합니다.

> "스스로 속이지 말라 하나님은 업신여김을 받지 아니하시나니 사람
>
> 이 무엇으로 심든지 그대로 거두리라"(갈 6:7, 개역개정).

하나님은 결코 속지 않으시는 분입니다. 그러니 내가 잔꾀를
부린다면, 나만 스스로 속고 있는 것입니다. 내 잔꾀에 내가 넘
어지지 않으려면, 언제나 현실을 직시해야 합니다. 진실은 분
명하고 명백합니다. 내가 무엇을 심든지 그대로 거두게 된다는
것입니다. 콩 심어 놓고 팥을 거둘 수는 없습니다. 팥 심어 놓
고 오이를 거둘 수도 없습니다.

하나님은 속지 않으시는 분입니다. 심은 대로 거두게 하시는
분입니다. 그러므로 내가 뿌리는 삶의 씨앗이 어떤 것인지를
늘 확인해야 합니다. 세상적인 것만 뿌려 놓고, 천국의 기쁨을
거둘 수는 없습니다. 육적인 꿈만을 꾸면서, 신령하고 참된 행

복을 거둘 수는 없습니다.

유엔 사무총장을 지낸 다그 함마르셸드(Dag Hammarskjold)의 글
에 이런 이야기가 나옵니다.

크리스토퍼 콜럼버스(Christopher Columbus)와 함께 신대륙을 향
해 항해하던 선원 중 구두수선공이 있었습니다. 그는 늘 근심
에 싸여 있었습니다. 고향에 있는 낡은 구둣방의 주인으로부터
가게를 인수해야 했습니다. 그런데 주인이 너무 늙어서 자기
가 돌아가 구둣방을 인수하기 전에 죽을까 봐, 또 자기가 가기
전에 남에게 팔아 버릴까 봐는 마음을 졸였습니다. 콜럼버스는
위대한 신대륙을 발견하려는 엄청난 꿈을 꾸면서 항해하고 있
었지만, 같은 배를 탄 구두수선공은 낡은 구둣방 하나를 놓칠
까 봐 노심초사한 것입니다. 함마르셸드는 이야기 끝에 다음과
같이 적었습니다.

"콜럼버스가 전진하는 인생이라면, 그 선원은 뒤로 돌아가
는 인생이었다."

당신은 어떤 꿈을 꾸고 있습니까? 전진하는 꿈입니까, 후퇴하
는 꿈입니까? 새로운 세상을 바라보고 있습니까, 아니면 기껏
해야 헌 구둣방이나 인수할 꿈을 꾸고 있습니까? 지금 꾸고 있

는 그 꿈은 진실로 하나님께로부터 온 것입니까, 아니면 그저 나 혼자만의 욕심일 뿐입니까? 지금 꾸고 있는 당신의 꿈이 당신의 미래를 결정합니다.

많은 젊은이들이 묻습니다.

"하나님의 뜻을 어떻게 알 수 있습니까? 내가 꾸는 이 꿈이 정말 하나님이 주신 꿈인지 어떻게 알 수 있습니까?"

꿈을 분별하기 위해서는 세 가지가 중요합니다. 기도와 말씀과 삶입니다. 첫째, 기도하는 중에 성령께서 깨닫게 해 주십니다. 둘째, 내 마음의 뜨거운 소원을 통해 말씀하시는 하나님의 음성을 듣게 하십니다(빌 2:13). 셋째, 하나님이 허락 하신 환경을 통해 하나님의 뜻을 발견할 수 있습니다.

우리가 결코 잊지 말아야 할 분명한 것은, 하나님은 지금도 살아 계셔서 우리로 하여금 눈앞의 현실을 뛰어넘게 하신다는 것입니다. 구체적으로 우리를 인도하신다는 사실입니다. 그 섭리의 손길을 확신하며, 구하고 기다리며, 인도하시는 그 손길에 민감하게 반응하고 순종해야 합니다.

꿈꾸기를 두려워하지 말아야 합니다. 꿈은 어차피 논리적이지도, 합리적이지도 않습니다. 하나님이 주시는 꿈은 우리의 좁은 논리로는 이해할 수 없을 때가 많습니다. 그러므로 하나님이 주시는 꿈을 좁은 이성으로 억지로 이해하거나, 그 가능성을 타진하거나 변론하기보다는 그 꿈이 참으로 하나님께로부

터 온 것인지를 분별해야 합니다. 그리고 그 꿈을 향해 힘차게
달려 나가야 합니다.

신학대학원 1학년 시절, 딱딱한 신학 교육에 지친 친구들 몇
명과 모여 쉬는 시간마다 잔디밭에서 찬양을 했습니다. 원래
우리끼리 하나님을 찬양하며 힘을 얻고자 시작한 것이었는데,
나중에는 채플 시간에 특별 순서를 맡게 되었습니다. 그리고
그 모습을 유심히 보신 음악과 교수님에 의해 개교 70주년 기
념 연주여행을 미국 전역을 돌면서 하게 되었습니다. 남성 중
창단원 9명, 지휘하시는 교수님 한 분, 인솔자 교수님 한 분, 이
렇게 11명이 고되지만 보람 있는 연주 여행을 다녔습니다.
여행 마지막에 프린스턴 신학교를 찾아갈 기회가 있었습니다.
너무 가난해서 유학은 꿈도 꿀 수 없는 환경이었는데, 생전 처
음 미국을 돌아보게 되었습니다. 그리고 역사 깊은 신학교의
도서관과 교정을 둘러보면서, 나도 모르는 사이에 감히 생각도
못할 꿈을 꾸었습니다. 교정의 아름다운 나무 그늘에서 아주
간단하게, 그러나 간절하게, 남들이 볼까 봐 부끄러워서 눈뜨
고 기도했습니다.
"주님, 언젠가 저도 이곳에 와서 공부를 한번 해 보고 싶습니다."
그것이 전부였습니다. 그런데 하나님은 7년 뒤, 기적 같은 방
법으로 그 기도를 들어주셨습니다. 바로 그 기도하던 자리에서

공부할 수 있었습니다. 작은 신음에도 응답하시는 하나님이 나의 내밀한 기도까지 들으신 것입니다. 솔직히 말하면, 나는 그렇게 기도해 놓고도 잊어버렸는데 말입니다. 하나님 안에서의 꿈은 불가능한 현실도 뛰어넘어 역사하는 힘이 있습니다.

"네 입을 크게 열라 내가 채우리라"(시 81:10, 개역개정).

지혜로운
투 자

심지 않고 거둘 수는 없습니다. 투자하지 않고 이익을 볼 수도 없습니다. 심는다는 것은 곧 투자한다는 것입니다. 지금 먹어 치울 수도 있지만, 내년을 위해 기꺼이 땅에 심는 것이 투자입니다. 인생은 도박입니다. 믿음도 도박입니다. 물론 하나님의 신실성에 몸을 던지는 가장 확실하고도 거룩한 도박입니다. 어디에 시간을 투자할 것입니까? 어디에 돈을 투자할 것입니까? 어디에 젊음을 투자할 것입니까? 아무 데도 투자하지 않아도, 결국 우리가 가진 모든 시간과 돈과 젊음은 다 사라지고 말 것입니다. 그러므로 투자하지 않는 것도 또 다른 형태의 투자인 셈입니다. 일생일대의 가장 중요한 도박인 이 인생을, 머뭇

거리다가 그냥 날려 버릴 수도 있는 이 소중한 인생을 어디에 투자할 것입니까?

가장 지혜로운 투자자는 가장 열매가 많을 곳, 가장 믿을 만한 곳, 가장 오랫동안 안전하게 간직할 수 있는 곳에 투자하는 사람입니다. 무엇에 투자하시렵니까? 얼마나 투자하시렵니까?

투자(파종)의 세 가지 원리가 있습니다. 첫째, 좋은 종자를 심어야 좋은 열매를 거둡니다. 둘째, 심은 만큼 거둡니다. 셋째, 좋은 땅에 심어야 수확량이 많습니다.

찌꺼기를 심고 좋은 열매를 거둘 수는 없습니다. 그래서 농사만큼 정직한 직업이 없다고 하지 않습니까? 심은 대로 거두고, 심은 만큼 거둡니다.

"적게 심는 자는 적게 거두고 많이 심는 자는 많이 거둔다"(고후 9:6, 개역개정).

사도 바울은 거룩한 농사에 대해 중요한 가르침을 남겼습니다.

"자기의 육체를 위하여 심는 자는 육체로부터 썩어질 것을 거두고 성령을 위하여 심는 자는 성령으로부터 영생을 거두리라"(갈 6:8, 개역개정).

여기서 "육체를 위하여"라는 말은 헬라어 원전에서 "육체에 심으면"이란 뜻입니다. 육체에 씨앗을 심으면, 육체로부터 썩어진 것을 거둡니다. 썩어질 육체에 투자하면, 그 썩어질 육체와 함께 썩을 것을 거두게 됩니다. 영원한 가치, 영적인 일에 투자하면 영원한 가치가 있는 열매들이 맺힐 것은 당연한 일입니다. 오락과 잡기로 시간을 낭비하지 말아야 합니다. 별 볼일 없는 일에 돈을 낭비하지 말아야 합니다. 내게 선물해 주신 하나님의 축복을 아주 신중하게 분별해서, 꼭 필요한 것에 투자해야 합니다. 그래서 풍성한 열매를 거두는 인생을 살아가야 합니다.

기다리면,
하나님의 꿈은 성 취 된 다

어제 씨를 심고 오늘 거둘 수는 없습니다. 봄에 심은 모는 한여름의 태양 볕을 쬐며, 비바람을 맞고 견뎌야 합니다. 꿈을 이루기 원하는 사람들은 기다려야 합니다. 절망하지 않고, 참고 기다리면 반드시 이룰 것입니다. 너무 조급해하지 마십시오. 하나님은 틀림없이 심은 대로 거두게 하시는, 살아 계신 능력의 하나님이시기 때문입니다.

"그러므로 형제들아 주께서 강림하시기까지 길이 참으라 보라 농부가 땅에서 나는 귀한 열매를 바라고 길이 참아 이른 비와 늦은 비를 기다리나니 너희도 길이 참고 마음을 굳건하게 하라 주의 강림이 가까우니라"(약 5:7~8, 개역개정).

27세의 처녀가 인도에 선교사로 가려고 마음을 먹었으나 좌절되고 말았습니다. 홀로 계신 어머니가 중병으로 눕게 되었기 때문입니다. 어머니는 3년간의 투병 끝에 세상을 떠나셨습니다. 그녀는 집안을 정리하고 멀리 떨어져 사는 언니를 찾아본 후에 선교사로 떠나려고 했습니다. 그런데 언니도 중병에 걸려서 임종만을 기다리고 있었습니다. 몇 날이 못 되어 언니마저 세상을 떠나고, 조카 다섯이 남았습니다.

"하나님 아버지, 제 선교지는 인도가 아니라, 바로 이 고아 다섯 명이란 말입니까?"

그녀는 몸부림치고 기도하며 선교사의 꿈을 접었고, 언니가 남긴 다섯 명의 조카를 키워 냈습니다. 그런데 놀랍게도, 15년이 지난 후 조카 5명 중 3명이 인도 선교사로 떠났습니다.

하나님은 어떤 방법으로든지, 그분의 백성에게 주신 꿈을 이루시는 분입니다. 그러므로 어떤 상황이든지 낙심할 필요가 없습니다. 참고 기다리고 낙심하지 않으면, 하나님이 주신 꿈은 반드시 성취될 것입니다.

한 의과 대학에서 교수가 학생들에게 질문했습니다.

"한 부부가 있는데, 남편은 매독에 걸려 있고, 아내는 심한 폐결핵에 걸려 있다. 아이들이 넷 있는데, 한 명은 며칠 전에 병으로 죽었고, 남은 세 아이들도 결핵으로 누워 살아날 것 같지 않다. 이 부인은 현재 임신 중인데, 어떻게 하면 좋겠는가? 낙태해야 하는가?"

그러자 한 학생이 소리쳤습니다.

"그 정도라면 마땅히 낙태 수술을 해야 하지 않겠습니까?"

교수는 그 학생을 향해 말했습니다.

"자네는 방금 베토벤을 죽였네."

그토록 불행한 환경에서 태어난 다섯 번째 아이가 바로 베토벤이었습니다. 아버지는 매독에 걸렸고, 4남매 중 한 명은 이미 죽었고, 셋은 결핵에 걸려 살 희망이 없고, 폐결핵 중증인 어머니가 임신을 해서 태어난 아이. 오늘날의 의사들이라면 낙태해야 한다고 판정을 내릴지도 모를 아이. 그 아이가 태어나서 악성 베토벤, 음악의 성자 베토벤이 됩니다.

사람들은 눈에 보이는 대로 함부로 판단하고 결정합니다. 하지만 인생은 우리가 보고 생각하는 것보다 훨씬 오묘하고 신비합니다. 그러므로 어떤 환경과 조건 속에서도 함부로 절망하지 말아야 합니다. 성급하게 판단하고 결정을 내리지 말아야 합니다. 최악의 순간에도, 그 모든 것 속에서 기적을 만들어 가시는 하나님을 앙망해야 합니다. 주어진 삶에서 우리의 최선을 다해야 합니다.

생명은 신비한 것입니다. 인생은 온갖 기적으로 가득 차 있습니다. 너무 쉽고 간단하게 포기하지 말아야 합니다. 참고 인내하는 중에, 하나님은 놀라운 기적들을 만들어 내십니다.

생명은 하나님의 선물입니다. 감사함과 설레는 마음으로 길이 참아 견뎌 내야 합니다.

생명은 의무입니다. 참고 그 짐을 지십시오.

생명은 신비입니다. 그 신비를 풀도록 사색하고 공부하십시오.

생명은 노래입니다. 아름답게 그 노래를 부르십시오.

생명은 기회입니다. 지나가기 전에 잘 사용하십시오.

생명은 여행입니다. 끝까지 훌륭한 여행으로 마치십시오.

생명은 아름다움입니다. 마음껏 찬미하십시오.

생명은 투쟁입니다. 후퇴하지 말고 싸우십시오.

무엇을 바라보며 한 번밖에 없는 인생을 살겠습니까? 전능하신 하나님입니까? 아니면 매 순간 변하는 환경입니까? 인생의 참된 주인이신 하나님만 바라보십시오. 그분 안에서 매 순간 새 힘을 얻으십시오. 그분이 주시는 힘으로, 어떤 경우에서도 당당하게 전진하십시오.

"주여 이제 내가 무엇을 바라리요 나의 소망은 주께 있나이다"(시 39:7, 개역개정).

살아 계신 하나님,
오직 주님만이 나의 소망이십니다.

4

나의 삶을 무엇으로 채울 것인가?

예수께서 대답하여 가라사대 이 물을 먹는 자마다 다시 목마르려니와 내가 주는 물을 먹는 자는 영원히 목마르지 아니하리니 나의 주는 물은 그 속에서 영생하도록 솟아나는 샘물이 되리라

(요 4:13~14, 개역한글).

끊임없이
목 마 른   인 생

주리고 목마른 시대입니다. 돈에 목마르고, 쾌락에 목마르고, 권력과 명예에 목마릅니다. 돈 벌어서 남들 앞에서 떵떵거리며 살고 싶고, 남들이 누리는 재미를 다 누려 보고 싶고, 권력을 쥐고 흔들며 살아 보고 싶고, 다른 사람들이 우러러보는 명예로운 이름도 갖고 싶습니다.

하지만 그런 욕망과 목마름은 쉽게 이루기도 어렵거니와, 혹 이뤘다 해도 그 맛을 한번 보면 거기에 만족하지 못합니다. 바닷물을 마시는 것처럼 더욱더 갈증만 날 뿐입니다. 가지면 가질수록 더 갖고 싶습니다. 먹으면 먹을수록 더 먹고 싶습니다. 쾌락을 맛볼수록 더 진한 쾌락을 원합니다. 오르면 오를수록 더 오르고 싶습니다.

돈, 쾌락, 권력과 명예에 대한 목마름은 결코 채울 수 없습니다. 밑 빠진 독에 물을 붓는 것과 같습니다. 돈은 돌고 돈다고 해서 돈이라고 한다지요. 오늘은 내 손에 있지만, 내일이면 남의 손으로 넘어가는 것이 돈의 생리입니다.

권불 10년이라고 했습니다. 오늘은 내가 정권을 쥐고 있지만, 내일에는 감옥에 들어갈 수도 있습니다. 인기도 덧없고, 미모도 잠깐입니다.

잔병치레 한번 안 했다고 자랑할 것도 못 됩니다. 건강하다는 사람이 오히려 먼저 죽을 수 있습니다. 10대의 핑크빛 사랑도 안개 같습니다. 아무리 뜨거운 사랑이라 해도, 연애 감정은 3년이면 사라집니다.

마르쿠스 아우렐리우스(Marcus Aurelius Antoninus)가 《명상록 (Meditation)》에서 쓴 것처럼, 내가 오래전의 사람들을 기억할 수 없는 것같이, 후대인들은 나를 결코 기억하지 못할 것입니다. 누군가 이룬 업적에 대해 역사에 남을 일이라고 칭찬하고, 비석에 새겨 그 일을 경하하기도 합니다. 하지만 돌이켜 보면, 고고학자나 역사학 교수들 같은 몇몇 사람들이나 관심을 가질 뿐입니다. 들판에 굴러다니는 비석을, 잔돌 부스러기를 누가 보기나 합니까?

그러니 다 헛된 일입니다. 성공이란 것도 헛된 일이요, 많이 번다는 것도 헛된 일이요, 권력을 쥐고 흔드는 것도 별 볼일 없는 것입니다. 지혜자 솔로몬이 정곡을 찔렀습니다.

"헛되고 헛되며 헛되고 헛되니 모든 것이 헛되도다 해 아래에서 수고
하는 모든 수고가 사람에게 무엇이 유익한가"(전 1:2~3, 개역개정).

요즘 무엇을 그토록 갈망합니까? 무엇에 배고파합니까? 무엇
을 간절히 찾고 있습니까?
위대한 믿음의 용장이요, 지혜로운 왕이었던 다윗은 노년에 이
렇게 노래했습니다.

"여호와여 나의 종말과 연한의 어떠함을 알게 하사 나로 나의 연약
함을 알게 하소서 주께서 나의 날을 손 넓이만큼 되게 하시매 나의
일생이 주의 앞에는 없는 것 같사오니 사람마다 그 든든히 선 때도
진실로 허사뿐이니이다 (셀라) 진실로 각 사람은 그림자같이 다니고
헛된 일에 분요하며 재물을 쌓으나 누가 취할는지 알지 못하나이다
주여 내가 무엇을 바라리요 나의 소망은 주께 있나이다"(시 39:4~7,
개역한글).

하나님만이 채우실 수 있는
빈   공 간

피곤한 자, 가난한 자

모두 내게로 오시오.

그렇게 갈망하던 자유를 호흡하시오.

누더기를 걸친 난민

집 없는 외로운 사람

폭풍에 시달린 힘없는 사람

이 생동의 해변으로 오시오.

황금의 문에서

희망의 횃불을 높이 들리니….

이 시는 소련에서 미국으로 이민 온 엠마 나자루스(Emma
Lazarus)라는 20대의 유대인 여인이 쓴 것으로 자유의 여신상에
새겨져 있습니다. 19세기 말, 소련에서는 코삭 기병대가 유대
인 마을들을 찾아다니며 방화와 살인을 일삼았습니다. 이 시는
그 지옥 같은 탄압의 현장에서 탈출해 뉴욕 항구에 들어오면서
느낀 감격을 표현한 것입니다.

아일랜드의 어느 약수터에 이런 팻말이 붙어 있다고 합니다.

"이 샘이 마를 때까지, 언제까지나 당신을 환영합니다."

자유의 여신상에 새겨진 한 시구처럼, 아일랜드의 한 샘터에 쓰인 팻말처럼, 예수님은 인류 역사의 한복판에서 삶에 찌들고 인생에 지친 모든 인생을 오늘도 부르고 계십니다.

"누구든지 목마르거든 내게로 와서 마시라"(요 7:37, 개역한글).

"수고하고 무거운 짐 진 자들아 다 내게로 오라 내가 너희를 쉬게 하리라"(마 11:28, 개역한글).

우리는 참으로 수고하고, 무거운 짐을 진 인생들입니다. 인생살이에 고달프고, 무거운 짐에 눌려 지쳐 버릴 때가 한두 번이 아닙니다.

왜 인생이 피곤해졌습니까? 왜 인생이 지쳐 버렸습니까? 예전에는 먹고살 것이 없어서, 가난해서 살기가 힘들다고 했습니다. 그러나 우리는 부모님들에 비해 너무 많은 것을 소유하고, 누리고 사는데도 오히려 여유가 없습니다. 더 피곤해하면서 살아가고 있습니다. 이유가 무엇입니까?

일을 너무 많이 해서 피곤한 것이 아닙니다. 돈이 없어서 피곤한 것도 아닙니다. 먹을 것이 없어서 배고픈 것도 아닙니다. 우리의 심령에 참된 만족을 잃었기 때문입니다. 메마른 영혼에 갈증을 채움 받지 못하기 때문입니다.

파스칼(Blaise Pascal)은 《팡세(Pensées)》에서 이렇게 고백했습니다.

"하나님은 우리 인생들을 창조하실 때, 영원이신 당신으로만 채울 수 있는 빈 공간을 우리 속에 지으셨다. 그런데 사람들이 돈이나 권력, 인기나 명예로 그것을 채우려고 하기에 공허하게 된 것이다."

오직 영원이신 하나님만이 채우실 수 있는 내면의 빈 공간을, 잠깐이면 사라져 버릴 찰나적인 것들로 채우려고 하기 때문에 공허가 생기는 것입니다. 이 공허를 가리켜서 사람들은 '영적 갈증'이라고 표현합니다. 우리의 인생은 모두 뭔가에 목말라 있습니다.

삭개오가 출세하기 전에 목말라했던 것은 돈과 권력이었습니다. 돈만 벌면, 권력의 자리에 오르기만 하면 그 갈증이 채워질 줄 알았습니다. 그래서 남부럽지 않게 돈을 벌었고, 남들이 부러워하는 권력의 높은 자리에 올랐습니다. 그러나 그 마음은 하나도 만족스럽지 못했습니다. 오히려 더 공허해졌습니다. 그래서 그는 예수님을 만나기 위해 뽕나무 위로 올라가야 했던 것입니다.

니고데모는 명예에 목말라했습니다. 사람들의 존경을 한 몸에 받으면 행복할 줄 알았습니다. 그러나 그렇게 바라던 명예로운 유대의 지도자가 되었건만, 그가 원하던 진정한 만족감은 맛볼 수 없었습니다. 그의 삶에는 여전히 뭔가 모자라는 내면의 공허가 숨어 있었습니다. 그래서 그는 도둑고양이처럼 밤중에 예수님을 찾아가야 했던 것입니다.

돈이나 권력이 삭개오의 영적 갈증을 만족시켜 주지 못했습니다. 사람들의 존경심이나 명예가 니고데모의 내면의 갈증을 채워 주지 못했습니다.

혹시 마음속에 숨어 있는 공허를 들여다본 적이 있습니까? 돈이나 명예나 건강이 만족을 주지 못하는 순간을 경험한 적이 있습니까? 인기와 명예를 얻는 순간, 잠깐은 희열과 기쁨에 사로잡히지만, 다음 순간에는 결국 내 삶의 깊은 고독 속에서 절망감을 경험한 적이 있습니까? 누가 봐도 이 정도면 불행하다고 말할 수 없을 만큼 성공했는데도, 뭔가 허전하고 부족한 내면의 갈증을 느끼지는 않았습니까?

아무도 오지 않는 시간에, 남의 이목을 피해 물 길러 나온 수가성 여인에게 예수님은 말씀하셨습니다.

"이 물을 먹는 자마다 다시 목마르려니와"(요 4:13, 개역한글).

영원히
목마르지 않 을   물

수가 성 여인은 남편이 다섯이나 되었습니다. 지금 같이 살고 있는 남자도 진짜 남편이 아니었습니다. 2,000년 전, 그 엄격한 유대 사회에서 남편을 다섯이나 갈아치울 수 있었던 여인. 지금도 정식으로 결혼한 남편이 아닌 남자와 살고 있는 이 여인. 도대체 그녀는 어떤 여인이었을까요?

첫째, 아마도 아주 아름다운 여인이었을 것입니다. 관능적이고 요염한 여자였을 것입니다. 그러니까 남자들이 다섯 명씩이나 같이 살지 않았겠습니까? 둘째, 아마도 참된 사랑에 목마른 여인이었을 것입니다. 남자를 다섯 번이나 갈아 치울 만큼 불타는 사랑을 갈망하는 여인이었을 것입니다. 희열 넘치는 쾌락과 불타는 사랑에 목말랐을 것입니다. 하지만 여인은 만족할 수 없었습니다. 참된 사랑을 발견할 수 없었고, 순전한 사랑에 대한 목마름을 채울 수 없었습니다. 이것이 바로 그 여인의 비극이었습니다. 그래서 예수님이 여인에게 말씀하신 것입니다.

"이 물을 먹는 자마다 다시 목마르려니와."

바닷물을 마시면 더욱 갈증이 나는 것처럼, 재물과 인기와 권력과 쾌락의 물은, 마시면 마실수록 더욱 갈증이 나게 되어 있습니다. 돈을 조금 모으면 더 모으고 싶고, 사장이 되면 회장이 되고 싶습니다. 차관이 되면 장관이 되고 싶고, 당 대표가 되면 대통령이 되고 싶습니다. 쾌락의 물도 마찬가지입니다. 성적인 쾌락만을 추구하다 보면 변태가 되고, 후에는 마약이 동원됩니다. 세상의 물은 갈증만 더할 뿐, 조금도 만족을 누릴 수 없습니다. 예수님은 말씀하십니다.

> "내가 주는 물을 먹는 자는 영원히 목마르지 아니하리니 나의 주는 물은 그 속에서 영생하도록 솟아나는 샘물이 되리라"(요 4:14, 개역한글).

예수님은 영생의 샘물이십니다. 구원의 생수이십니다. 그분을 만나는 사람마다 참된 구원의 감격을 경험하게 됩니다. 참된 인생의 의미와 목적을 발견하게 됩니다. 성경에서 하나님은 우리에게 참된 생수에 대한 약속을 수없이 하셨습니다.

> "그날에 죄와 더러움을 씻는 샘이 다윗의 족속과 예루살렘 거민을 위하여 열리리라"(슥 13:1, 개역한글).

> "그날에 생수가 예루살렘에서 솟아나서 절반은 동해로, 절반은 서해로 흐를 것이라 여름에도 겨울에도 그러하리라"(슥 14:8, 개역한글).

> "대저 내가 갈한 자에게 물을 주며"(사 44:3, 개역한글).

"내가 생명수 샘물로 목마른 자에게 값없이 주리니"(계 21:6, 개역
한글).

"너희 목마른 자들아 물로 나아오라"(사 55:1, 개역한글).

"그러므로 너희가 기쁨으로 구원의 우물들에서 물을 길으리로다"(사
12:3, 개역한글).

우리의 작은 것이,
마중물이 된다

여인에게 물을 달라고 하신 예수님은 이제는 여인에게 생수를
주겠다고 약속하십니다. 예수님이 여인에게 물을 청하신 것은,
그분의 갈증 때문이 아니었습니다. 인생의 갈증으로 허덕이고
있는 여인에게 영원히 목마르지 않는 영생의 생수를 선물하시
기 위한 것이었습니다. 이것이 부요하신 하나님이 가장 가난한
모습으로 우리에게 다가오신 이유입니다.
우리가 소유하고 누리는 모든 것들은 주님이 주신 것이고, 원래
부터 주님의 것입니다. 그럼에도 불구하고 우리에게 그것을 조
금 나눠 달라고 하시는 단 하나의 이유는, 우리의 작은 것들을

통해 주님의 부요함을 선물하시기 위해서입니다. 우리의 작은 것이 마중물이 되어 주님의 축복을 퍼내도록 하시는 것입니다. 마중물이란 땅속에 깊이 내려가 있는 지하수를 끌어올리기 위해 펌프에 붓는 물입니다. 예수님이 오병이어의 기적을 행하실 때 드렸던 물고기 두 마리와 떡 다섯 개가 마중물입니다. 사르밧 과부가 엘리야에게 대접했던 마지막 밀가루 한 줌이 마중물입니다.

하나님은 우리에게 엄청난 은혜를 부어 주기를 원하십니다. 그래서 우리에게 그 마중물을 부으라고 말씀하십니다. 하나님은 우리의 작은 시간을 통해 당신의 영생을 선물하기를 원하십니다. 우리의 작은 헌금을 통해 당신의 부요를 상속해 주기를 기뻐하십니다. 우리의 작은 섬김을 통해 당신의 축복이 부어지기를 원하십니다. 그래서 하나님이 우리에게 우리의 작은 시간과 헌금과 섬김을 간청하시는 것입니다. 하나님 자신을 위해서가 아니라, 바로 우리의 영생과 구원과 부요함을 위해서 말입니다. 생수의 근원이신 그분 앞으로 나아가십시오. 그분의 은혜를 구하기 위해 시간을 내십시오.

"의에 주리고 목마른 자는 복이 있나니 저희가 배부를 것임이요"(마 5:6, 개역한글).

목마른 자,
하 나 님 을   갈 망 하 라

사람은 목이 말라야 샘을 팝니다. 지식에 목마르면 지식의 샘을 파고, 즐거움에 목마르면 쾌락의 샘을 팝니다. 권력에 목마르면 권력의 샘을 파고, 명예에 목마르면 명예의 샘을 찾습니다. 주님의 말씀처럼, 의에 주리고 목마른 사람이 복이 있습니다. 그런 사람만이 배부르게 될 것이기 때문입니다.

그렇다면 "의에 주리고 목마르다"는 것은 무엇을 어떻게 하라는 말입니까? 무엇보다 먼저 하나님을 갈망하라는 뜻입니다. 성경에 나타난 의는 흔히 말하는 사회적 정의나 법률적, 도덕적 공의와는 다른 의입니다. 성경의 의는 '의로우신 하나님과의 관계에서 생기는 경건한 삶의 열매로서의 의'입니다.

요한복음 15장에서 주님은 말씀하셨습니다.

> "저가 내 안에, 내가 저 안에 있으면 이 사람은 과실을 많이 맺나니 나를 떠나서는 너희가 아무것도 할 수 없음이라"(요 15:5, 개역한글).

내가 주님 안에 있고, 주님이 내 안에 계시는 신비적인 관계. 그 교제 가운데서 맺어지는 열매가 바로 의의 열매입니다. 의를 배고프게, 목마르게 사모한다는 것은 참된 만족이 없는 세상, 먹

을수록 배고프고 가질수록 더 갖고 싶고 갈증만 더하는 세상 한
복판에서 참된 만족이신 주님, 생명의 근원이신 주님을 갈망하
는 것입니다. 그분을 통해 의의 열매, 생명의 열매가 내 속에서
풍성히 맺히기를 열망하는 것입니다. 날마다, 순간마다 우리 삶
의 기초요, 생명의 근원 되시는 주님을 앙망하는 것입니다.
시편 기자는 시편 42편에서 이런 심정을 너무나도 잘 표현하
고 있습니다.

> "하나님이여 사슴이 시냇물을 찾기에 갈급함같이 내 영혼이 주를 찾
> 기에 갈급하니이다 내 영혼이 하나님 곧 생존하시는 하나님을 갈망
> 하나니 내가 어느 때에 나아가서 하나님 앞에 뵈올꼬"(시 42:1~2, 개역
> 한글).

같은 구절을 공동번역에서는 이렇게 적고 있습니다.

> "암사슴이 시냇물을 찾듯이, 하나님, 이 몸은 애타게 당신을 찾습니
> 다. 하나님, 생명을 주시는 나의 하나님, 당신이 그리워 목이 탑니다.
> 언제나 임 계신 데 이르러 당신의 얼굴을 뵈오리이까?"

시편 기자가 그렇게도 주님을 찾기를 갈망한 이유가 무엇입니
까? 인생의 모든 문제에 대한 참된 해결자는, 오직 예수님 한

분밖에 없기 때문입니다. 이 세상에 우리가 바라고 의지할 수 있는 분은, 오직 주님 한 분밖에 없기 때문입니다.

"목마른 사슴이 시냇물을 찾아 헤매듯이 내 영혼이 주를 찾기에 갈급하나이다. 주님만이 나의 힘, 나의 방패, 나의 참소망, 나의 몸, 정성 다 바쳐서 주님을 경배합니다."

나의 것을
모두 붓겠다는 결 단

"의에 주리고 목마르다"는 것은, 의를 얻기 위해 어떤 희생이라도 기꺼이 치르겠다는 결단을 의미합니다. 열흘 굶은 사람이 밥 한 그릇을 구하기 위해 무슨 짓인들 못하겠습니까? 물 없이 사막을 헤매던 사람이 물 한 컵을 마시기 위해 억만금인들 아끼겠습니까? 의에 주리고 목마르다는 것은, 어떤 희생을 치르고서라도 그 의를 찾고야 말겠다는 열망과 결단을 말하는 것입니다.

좀 더 구체적으로 말하면 나의 방패, 나의 의, 나의 모든 것 되시는 예수님을 온전히 만나기 위해 시간을 내는 것입니다. 그분의 음성을 듣기 위해 무릎을 꿇는 것입니다. 그분의 뜻이 내 삶 속에서 온전히 이뤄지기 위해 온 마음과 정성을 다해서 그분의 명령을 쫓는 것입니다. 내 몸을 던져 실천하는 것입니다. 한마디로, 대가를 지불하는 것입니다.

어떤 젊은이들은 말합니다.

"성공은 하고 싶은데, 공부는 하기 싫어요."

"성공하고 싶지만, 악착같이 땀 흘리고 노력하는 것은 싫어요."

"놀면서 성공할 수는 없을까요?"

절대로 그럴 수는 없습니다. 둘 중 하나는 포기해야 합니다. 성공을 포기하든지, 아니면 게으르고 편한 삶을 포기해야 합니다. 성공을 포기하기보다는 게으르고 편한 삶을 포기하기를 바랍니다. 의를 갈망하는 삶은 저절로 되지 않습니다. 그럭저럭 살아도 참된 성도의 삶을 살 수 있는 것이 아닙니다. 우리 그리스도인들은 땅을 기어가는 지렁이 같은 삶을 살기를 거절해야 합니다. 어떤 맞바람이라도 박차고 창공을 날아오르는 독수리같이 살기로 결단해야 합니다.

의에 배고파하는 삶은 결코 저절로 되지 않습니다. 거절할 것은 단호하게 거절해야 합니다. 쉽게, 대충 살아가는 사람들을 흉내 내지 않기로 결심해야 합니다. 적당히 속이고, 적당히 거짓말하고, 적당히 살아가는 군중의 삶을 거절해야 합니다. 어떤 희생과 대가를 치르더라도 하늘나라의 백성으로 살겠다고 결단해야 합니다.

주님은 그런 사람을 배부르게 만들어 주실 것입니다. 만족이 없는 세상의 한복판에서 풍성한 삶을 경험하게 하실 것입니다. 다윗의 고백처럼, 원수 앞에서조차 기름진 식탁을 베풀어 주실 것입니다.

정말 하나님의 뜻이 나의 한 번밖에 못 사는 일생을 통해 이뤄 지기를 원합니까? 정말 하나님의 나라가 내 가정에 이뤄지기를 원합니까? 그렇다면 대가를 치르십시오. 희생하십시오.

오늘날 너무 많은 사람들이 자신의 결정에 대해 대가를 치르려 고 하지 않습니다. 희생하려고 하지 않습니다. 거저먹으려고만 합니다. 그래서 하나님의 축복과 은혜를 경험하지 못합니다.

의를 위해 시간을 투자하십시오. 기도하는 시간, 하나님의 의 를 이루기 위해 봉사하고 섬기는 시간, 남들을 섬기고 돕는 시 간, 하나님의 의를 깨닫기 위해 말씀을 공부하는 시간, 겸손히 그분 앞에 엎드리는 성찰의 시간을 구별해 놓으십시오.

의를 위해 물질을 투자하십시오. 그의 나라와 그의 의가 내 삶 을 통해 이뤄지기 위해 기꺼이 손해를 보십시오. 천하보다 귀 한 한 사람의 영혼을 구원하기 위해 물질을 사용하십시오. 주 님의 명령을 수행하기 위해 돈 쓰는 것을 아까워하지 마십시 오. 의를 이루기 위해 몸을 아끼지 마십시오. 아침에 일찍 일어 나 땀을 흘리며 운동하는 이유가 무엇입니까? 한약을 먹고, 매 년 정기 검진을 받으면서 건강을 체크하는 이유가 무엇입니까? 그저 목숨 몇 년을 더 연장하는 것이 이유라면 우리 인생이 너무 불쌍합니다. 주님이 주신 건강, 오늘도 연장해 주신 우리의 목숨, 우리의 몸, 주님을 위한 일에서조차 아끼고 사리다가 무엇을 하려고 합니까?

일하십시오. 청소도 하고, 식당 봉사와 차량 봉사도 하고, 혼자 사시는 동네 어른들을 위해 반찬도 만들고, 소년 소녀 가장들에게 적은 용돈이라도 나누며 격려해 보십시오.

찰스 스윈돌의 《탁월성을 키우라(*Living above the level of mediocrity*)》(보이스사, 1993)를 보면, 이런 이야기가 나옵니다.

어떤 이가 사막을 여행하다가 그만 길을 잃었습니다. 가진 음식도, 물도 다 떨어졌습니다. 그러고도 며칠을 더 방황하다가 죽음 직전에 작은 오아시스를 발견합니다. 죽을힘을 다해 찾아갔더니 이미 모든 물은 말라 버렸고, 달랑 녹슨 펌프 하나가 보였습니다. 옆 바위틈에는 조그만 항아리와 조그만 표지판이 있었는데, 이렇게 쓰여 있었습니다.

"이 항아리의 물을 펌프에 모두 붓고 펌프질을 하십시오. 물이 나올 것입니다.

P. S. 모두 부으십시오. 조금이라도 모자라면 펌프는 작동하지 않을 수도 있습니다. 그리고 다음 사람을 위해 항아리

에 물을 채우는 것을 잊지 마십시오."

나그네는 고민하기 시작했습니다. 아무리 봐도 너무 녹슬어 있어서 펌프가 작동할 것 같지 않았기 때문입니다.

'어떻게 할까? 항아리 물을 그냥 마셔 버릴까? 아니면, 이 표지판에 쓰인 것을 그대로 믿고 펌프에 몽땅 부을까?'

그러다 나그네는 그 표지판의 글을 믿기로 합니다. 어차피 항아리의 물을 마셔도 오래 버틸 수 없다는 사실을 알았기 때문입니다.

나그네는 펌프에 물을 붓고 펌프질을 했습니다. 처음에는 "뻑뻑" 하는 공기 빠지는 소리만 들리더니, 얼마 안 있어 지하수가 펑펑 쏟아졌습니다. 물을 실컷 마시고, 샤워도 하고, 물주머니에 물을 가득 채운 후, 항아리에 다시 물을 채웠습니다. 그리고 표지판 아래에 이렇게 덧붙여 썼습니다.

"믿으십시오. 정말 물이 나옵니다. 뭔가를 얻으려면, 가진 것을 몽땅 부어야 합니다."

하나님은 사막 같은 세상의 한복판에, 지나가는 모든 나그네들이 풍성히 마실 수 있도록 생수를 뿜어내는 펌프로, 그분의 교회들을 세워 놓으셨습니다. 겉보기에는 별 볼일 없어 보이고,

온전하지 못한 구석도 보입니다. 과연 여기에서 생수가 터져 나올까, 의심이 들 때도 있습니다. 하지만 믿어 보십시오.

영생을 얻기 위해 시간과 돈과 눈물과 땀과 정열을 쏟아부으십시오. 기적이 일어날 것입니다. 주님이 약속하신 대로 풍성한 생수, 마르지 않는 샘물을 마시게 될 것입니다.

그의 나라와 그의 의를 찾기 위해 시간을 내고, 돈을 내고, 젊음을 투자하십시오. 주님 안에서 콸콸 쏟아지는 영생수를 얻어서 세상을 살리는 의의 군사들이 되십시오.

영생의 샘물이신 주님,

오늘도 내 영혼의 갈증을 채워 주소서!

5

무엇을 생각하며 살 것인가?

그러므로 함께 하늘의 부르심을 받은 거룩한 형제들아 우리가 믿는
도리의 사도이시며 대제사장이신 예수를 깊이 생각하라
(히 3:1, 개역개정).

현대인들의
성 급 함

얼마 전까지 유행하던 말 중에 '지름 신'이라는 말이 있습니다. '지름 보살', '왕지름 선녀님' 등으로도 쓰인 말입니다. 충동적으로 구매한다는 뜻의 '지르다'는 말과 합해져서 만들어진 합성어입니다.

백화점에서 물건을 구경하다가 마음속에서 자꾸 '질러라, 질러라' 하는 소리가 들려서 능력도 없고, 필요도 없는데 지름 신이 강림하셔서 자신도 모르게 충동적으로 물건을 구매하게 된다는 것입니다. 오늘날 많은 이들이 홈 쇼핑이나 인터넷 쇼핑을 하다가 충동적으로 물건을 구매합니다. 지름 신의 강림 때문에 그렇다는 것입니다.

사실 말이 지름 신이고 지름 보살이지, 핑계를 대는 것입니다.

여기에는 내면에서 깊이 생각하지 않고 충동적으로 행동하는 현대인들의 심리가 숨어 있습니다.

몇 년 전, 《뉴스위크(*NewsWeek*)》지의 톱기사로 "Money brain"이란 기사가 실렸습니다. 내용은 충동구매의 배후에는 뇌의 기능에 문제가 있다는 것입니다.

충동구매는 보통 심각한 문제가 아니지만, 오늘날 현대인들의 삶의 모든 영역 속에 이런 충동적인 행동들이 나타나고 있습니다. 충동적으로 이혼하는 충동 이혼, 충동적으로 자살하는 충동 자살, 충동적으로 살인하는 충동 살인. 모든 영역에서 충동적인 행동들이 나타납니다. 이혼율과 자살률이 급격히 높아진 이유도 충동 때문이라고 합니다. 현대인들은 깊이 생각하지 않고 덜컥 일을 저지릅니다. 참을성이 없습니다. 깊고 철저하게 생각하려고 하지 않습니다. 너무나 쉽게 판단하고 감상적으로 빨리 결론을 내 버립니다.

영국의 이어령이라 불리는 앤터니 플루(Antony Flew)는 목사의 아들로 태어났습니다. 그러나 하나님이 없다는 나름대로의 확신을 가지고 평생을 무신론자로 살았습니다. 그러다가 그가 평생에 쓴 그 수많은 책들에서 주장하던 무신론을 부정하며, 《존재하는 신(*There is a God*)》(청림출판, 2011)을 씁니다. 이 책에서 그는 이렇게 적고 있습니다.

"나는 전에 쓴 몇몇 무신론 저작에서 신이 없다는 결론을 너무 빨리, 너무 쉽게 내렸고, 나중에 다시 헤아려 보았을 때 그런 결론의 근거에 문제가 있었다."

안타깝게도 그는 이 책을 쓴 지 3년 만에 세상을 떠납니다. 너무 늦은 깨달음이었던 것입니다.

신앙의 문제뿐 아니라, 삶과 죽음의 문제에 대해서도 너무 성급하게 결론을 내리는 것이 현대인들의 가장 결정적인 불행의 원인입니다. 지름 신이 구매에만 나타나는 것이 아니라, 삶의 모든 영역에 나타나는 것입니다. 그래서 성급하게 이혼하고, 성급하게 자살합니다. 성급하게 분노하고, 성급하게 하나님을 부정합니다. 좀 더 깊이 생각하며 후회 없는 삶을 살아야겠습니다.

생각하며
살 아 야 한 다

리처드 포스터(Richard Foster)는 말했습니다.

"이 시대의 현대인들을 사로잡는 사탄의 가장 강력한 무기는, 피상성(superficiality)이다."

영성 신학의 대가 유진 피터슨(Eugene Peterson)도 지적했습니다.

"현대인의 주의를 끌려면 30초 이내로 광고해야 한다. 현
대인들이 읽을 책을 쓰려면 30페이지 이상을 쓰지 마라."

현대인들의 주의력은 30초를 견디지 못합니다. 30페이지 이
상의 책을 읽으려고 하지 않습니다. 간단히, 쉽게, 속히 끝내야
합니다. 어려운 문제는 생각만 해도 골치가 아픕니다. 쉽게 요
약해서, 그것도 빨리 끝내기를 원하는 현대인들에게 깊은 생각
은 기대할 수 없습니다. 그러니 그 지식이 단편적일 수밖에 없
습니다. 끈기가 있을 리 없습니다.
영국의 신학자 존 스토트(John Stott)는 말했습니다.

"현대 교회의 영성이 메마른 이유는, 말끔하게 선포되는
20~30분짜리 요약 설교 때문이다. 20~30분의 설교로 어
떻게 인생의 중요한 문제들에 대한 하나님의 대답을 들을 수
있겠는가? 그러니 그 신앙과 생각이 얄팍해질 수밖에 없다."

현대인은 건성으로 생각하고, 대충 살아갑니다. 지식은 온통
피상적이고 얄팍합니다. 깊이 생각하려고 하지 않습니다. 물건
도 질러서 삽니다. 결혼도, 이혼도, 자살도 충동으로 저질러 버

리고 맙니다. 이것이 오늘날 현대인들의 비극입니다.

어떻게 하면 이 비극에서 구원받을 수 있을까요? 어떻게 하면 이 피상적인 지식에서 깊은 지혜의 세계로 들어갈 수 있을까요? 성경은 계속해서 생각하며 살라고 명령합니다.

"하나님을 잊어버린 너희여 이제 이를 생각하라"(시 50:22, 개역개정).

"백성 중의 어리석은 자들아 너희는 생각하라"(시 94:8, 개역개정).

"형통한 날에는 기뻐하고 곤고한 날에는 생각하라"(전 7:14, 개역한글).

"그러므로 생각하라"(엡 2:11, 개역개정).

"내 말하는 것을 생각하라 주께서 범사에 네게 총명을 주시리라"(딤후 2:7, 개역한글).

"자기도 함께 갇힌 것같이 갇힌 자를 생각하고 자기도 몸을 가졌은즉 학대받는 자를 생각하라"(히 13:3, 개역한글).

생각하며 살아야 합니다. 대충, 충동적으로 살았던 삶을 청산하고, 하나님의 자녀답게 진중하게 살아야 합니다.

생각할 시간을
떼 어 놓 으 라

생각은 공중에서 뚝 떨어지는 것이 아닙니다. 시간과 노력이
필요합니다. 머릿속에서 일어나는 생각의 과정을 쫓아가야 합
니다. 책을 읽고, 말의 논리를 따라 논리적인 사고로 생각하는
훈련을 해야 합니다.

사람들과 이야기를 나누다 보면, 자신의 생각을 제대로 표현할
수 있는 사람이 그리 많지 않다는 사실을 깨닫습니다. 왜 그렇
습니까? 어떤 문제든지 깊이 생각해 보지 않았기 때문입니다.
생각은 저절로 떠오르는 것이 아닙니다. 부단한 논리의 훈련
속에서 결론을 찾아가는 연단의 과정이 필요합니다.

하루에 적어도 30분만이라도 생각하는 시간을 떼어 놓아야 합
니다. 구체적으로 내가 왜 사는지, 어떻게 살 것인지를 생각할
수 있는 시간을 내야 합니다. 자신의 생각을 정리하고, 삶의 방
향을 바라볼 수 있는 시간을 내야 합니다.

목회를 하다 보면, 시간에 쫓겨서 기도를 많이 하지 못합니다.
헨리 나우웬이 지적했던 것처럼, "기도의 필요성을 가장 잘 인
식하면서도 충분히 기도하지 못하는 사람들은 다름 아닌 영적
지도자들"입니다. 그는 《마음의 길(*the way of the heart*)》(분도출판사,
1989)에서 '바쁘다는 것'과 '중요한 사람이 되는 것'을 연결시

키면서, 그런 삶은 결코 참된 삶이 아니라고 지적합니다. 참된 삶을 원한다면, 삶의 변화의 용광로인 '고독의 훈련'을 실천해야 한다고 강권합니다.

내 인생조차 돌아볼 겨를도 없을 만큼 바쁘게 살아야 할 이유가 무엇입니까? 왜 사는지, 무엇 때문에 사는지, 어떻게 살 것인지를 생각할 여유도 없이 살고 있다면, 우리는 쓸데없이 너무 바쁜 것입니다. 결코 인생을 바로 살고 있는 것이 아닙니다. 열심히 하는 것보다 옳게 하는 것이 더 중요합니다. 방향만 옳다면, 천천히 가도 마침내 목적지에 갈 수 있습니다. 그러나 방향이 틀어지면 열심히 할수록 인생은 더욱 망가지고 말 것입니다. 그래서 삶의 궤도를 점검하기 위해 잠깐씩 짬을 내어 인생을 돌아봐야 합니다.

하나님을 만나기 위해 꼭 산으로 들어가거나 기도원에 가야 하는 것이 아닙니다. 언제, 어디서든 마음의 문을 열고, 내 안에 계신 하나님 앞에 나아가 자신을 조용히 성찰하고, 돌아보면 됩니다. 그러면 하나님은 언제든지 우리를 만나 주실 것입니다.

그러기 위해서는 무엇보다 시간이 필요합니다. 무릎 꿇고 자신의 삶을 돌아볼 수 있는 경건한 공간이 필요합니다. 생각의 깊이를 더하고, 삶의 지혜를 더하는 지혜로운 신앙인이 되기를 열망해야 합니다.

어떤 이가 오늘날을 '3F의 시대'라고 정의했습니다. Feeling(감성), Female(여성), Fashion(패션)을 뜻하는 것으로, 모두가 감성을 지칭하는 단어들입니다. 현대 사회에서는 문자 매체보다 영상 매체가 각광을 받습니다. 영상 매체의 특징은 감각적이고 충동적이라는 것입니다. 이러한 현대적인 특징 때문에 현대인들은 충동적인 사람들이 되어 가고, 지름 신에 그토록 쉽게 영향을 받습니다.

너무 극으로 가 버린 오늘날의 사회에 균형을 잡기 위해서는 논리적 사고와 이성적 깊이를 더하는 것이 필요합니다. 요즘 대학입시 제도에서 논술 고사를 강조하는 것도 이런 이유 때문일 것입니다. 논술은 한마디로 논리를 요구하는 것입니다. 감성적 사회에서 균형을 잡기 위해 이성적, 논리적 사고의 틀을 잡는 것입니다.

논술을 잘할 수 있는 비결은 두말할 것도 없습니다. 많이 읽고, 많이 생각하고, 많이 쓰는 것입니다(多讀, 多思, 多作). 이를 위해 반드시 필요한 것은 다름 아닌 시간입니다. 시간 없이는 모든 것이 불가능하기 때문입니다. 그래서 사도 바울은 말합니다.

"세월을 아끼라 때가 악하니라"(엡 5:16, 개역개정).

무엇을
생각해야 하는가?

깊이 생각하는 것도 중요하지만, 그보다 더 중요한 것은 마땅
히 생각해야 할 중요한 대상을 잘 선택하는 것입니다. 어떤 사
람은 돈을 벌 궁리만 열심히 합니다. 어떤 사람은 좀 더 자극적
인 쾌락을 쫓을 궁리만 합니다. 무엇을 생각해야 합니까?
나는 깊이 생각해야 할 주제들을 몇 개씩 적어 다닙니다. 프랭
클린 다이어리를 쓸 때는 'weekly compass'라는 작은 간지 뒷장
에 한동안 생각해야 할 주제들을 적었습니다. 그리고 시간이
날 때마다 그 주제를 생각해 보고는 했습니다. 지난 몇 년 동안
내가 적은 주제들은 주로 이런 것들입니다. 참된 목회의 성공,
기도, 묵상, 사랑, 균형 감각, 문화 목회 등등.

몇 년 전 어머니의 임종 자리를 지키면서, 3개월 동안 빠지지
않고 적은 주제가 있습니다. 바로 '삶과 죽음'입니다. 꺼져 가
는 촛불 같은 어머니 앞에서 내가 할 수 있는 일이란, 고작해야
링거 주사 바꾸는 것과 쇠잔해지는 어머니의 손을 잡고 지켜
보는 것이었습니다.
목회가 바쁘다는 핑계로 숨 막힐 정도로 뛰고 달리느라 어머
니 곁에 있을 겨를이 없었습니다. 그런데 그때 오랜만에 삶을

돌아볼 수 있었습니다. 아마도 어머니가 천국에 가시면서 아들에게 선물로 그런 시간을 주신 것 같습니다.

나는 가물가물하는 어머니의 생의 촛불 앞에서, 이론이 아닌 실체로서의 삶과 죽음을 만날 수 있었습니다. 산다는 것은 무엇인가? 죽는다는 것은 또 무엇인가? 어머니의 삶과 죽음을 통해 하나님은 내게 무엇을 말씀하고 계시는가?

기도 반, 생각 반. 그렇게 병실 안에서 나는 생명의 주인이신 주님을 새롭게 만날 수 있었습니다.

물론 이렇게 하나님이 주시는 기회를 통해 생각하게 될 때도 있지만, 우리는 의도적으로 주제들을 정해서 늘 생각하는 훈련을 해야 합니다. 가장 중요하고 큰 주제, 우리가 결코 놓쳐서는 안 될 주제는, 우리 인생의 주인이신 하나님입니다.

내 인생을 시작하셨고, 언젠가 내 인생에 종지부를 찍으실 하나님. 지금도 나의 삶의 모든 것을 한 손에 쥐고 계시는 분. 그분 안에 우리의 과거와 현재와 미래의 모든 것이 들어 있습니다. 칼뱅은 《기독교 강요(Institues of the Christian Religion)》에서 우리 인생에서 가장 중요한 지식이 두 개가 있다고 했습니다. 첫째는 하나님에 대한 지식이고, 둘째는 인간 자신에 대한 지식입니다. 또 하나님에 대한 지식 없이는 결코 자신에 대한 지식을 알 수 없다고 했습니다.

우리가 먼저 열심히 찾고 배우고 묵상하고 추구해야 할 분은, 우리 존재의 근원이신 하나님입니다. 그분을 온전히 알고 만나기 전까지는 나 자신에 대해, 나의 삶의 의미와 목적에 대해 결코 알 수 없기 때문입니다. 나 자신을 생각하는 것보다 먼저, 하나님을 깊이 생각해야 합니다. 그분을 만나기를 열망해야 합니다. 그분 앞에 엎드려 물어야 합니다.

"하나님, 나를 왜 지으셨습니까?"

"나를 이 세상에 보내신 목적이 무엇입니까?"

내가 지금 무엇을 생각하느냐에 따라 나의 미래가 달라집니다. 지금 나의 생각이 곧 나의 미래입니다.

나다니엘 호손(Nathaniel Hawthorne)의 《큰 바위 얼굴(the great stone face)》을 보면, 마을 사람들은 큰 바위 얼굴을 닮은 지도자가 나타나기를 학수고대했습니다. 그런데 큰 바위 얼굴을 닮은 지도자는 평생 그 바위를 바라보며 살았던 마을 사람이었습니다. 생각하면 닮습니다. 사랑하면 닮습니다. 골똘히 누군가를 생각하면 그를 닮게 되어 있습니다. 마귀를 묵상하면 마귀처럼 되고, 하나님을 묵상하면 하나님을 닮게 됩니다.

우리의 마음과 두뇌는 집어넣는 것에 따라 나오는 것이 결정됩니다. 좋은 생각을 넣으면 좋은 열매가 나오고, 미움을 넣으면 미움의 열매가 나오고, 사랑을 넣으면 사랑의 열매가 나옵니다.

어느 인디언 추장의 손자가 나쁜 짓을 했습니다. 그러자 추장이 손자를 불러다가 이야기를 들려주었습니다.

"얘야, 내 마음속에는 두 마리의 늑대가 살고 있단다. 하나는 아주 착한 늑대고, 다른 하나는 아주 나쁜 늑대지. 나쁜 늑대는 언제나 나쁜 생각만 하고, 나쁜 일만 저지르라고 내게 말하지. 하지만 착한 늑대는 언제나 내게 '그럼 안 돼!' 하고 말린단다."

놀란 손자가 할아버지에게 말했습니다.

"할아버지, 제 마음에도 두 마리의 늑대가 있는 것 같아요. 그런데 할아버지, 싸우면 누가 이겨요? 나쁜 늑대가 이겨요, 착한 늑대가 이겨요?"

할아버지가 대답했습니다.

"간단해. 내가 밥을 많이 주는 놈이 항상 이겨."

내가 밥을 많이 주는 놈이 항상 이기게 되어 있습니다. 하나님 생각을 많이 합니까, 아니면 세상 생각을 더 많이 합니까? 많이 생각하는 쪽이 반드시 이기게 되어 있습니다.

무엇을 더 많이 사랑합니까? 무엇을 더 간절히 갈망합니까? 돈입니까? 명예나 인기입니까? 체면입니까? 재물이나 명성입니까? 아니면, 우리 생명의 주인이신 하나님, 구원의 주님입니까?

예수님을
깊 이 생 각 하 라

"그러므로 함께 하늘의 부르심을 받은 거룩한 형제들아 우리가 믿는
도리의 사도이시며 대제사장이신 예수를 깊이 생각하라"(히 3:1, 개역
개정).

예수님을 '깊이 생각한다'는 것은, 그분에게 '정신을 집중해서
마음을 붙들어 놓는다'는 것입니다. 예수님이 내 마음과 생각
에 충만하여 온전히 다스리시도록 마음을 내드리는 것입니다.
예수님을 건성으로 생각하거나, 일주일에 한두 번 기억해 보는
것으로 예수님을 믿는다고 할 수는 없습니다. 168시간의 일주
일 중에 겨우 한 시간을 예배드려 놓고, 그것도 이런저런 생각
과 온갖 잡념을 가지고 예배드려 놓고, 예수 믿는 사람이 되었
다고 생각해서는 안 됩니다. 머릿속은 세상 것으로 꽉 차서 '예
수님'이 비집고 들어갈 수도 없으면서, 이따금 생각날 때 "내게
도 복 주소서" 하고 기도한다면, 그래도 복 받을 것이라고 믿는
다면, 그야말로 최대의 미신이 아닐 수 없습니다.
사도신경은 라틴어로 'credo'라고 하는데, '나는 믿는다'라는
뜻입니다. 심장을 뜻하는 'cordia'와 주다는 뜻의 'do'가 합쳐진
것으로 '믿는 대상에 내 심장을 드린다'라는 뜻입니다. 누군가

를 믿는다면 믿음의 대상에게 내 심장을 드렸기에 더 이상 내게
는 심장이 없고 그분의 심장을 빌려서 사는 것입니다.

> "내가 그리스도와 함께 십자가에 못 박혔나니 그런즉 이제는 내가 사
> 는 것이 아니요 오직 내 안에 그리스도께서 사시는 것이라 이제 내가
> 육체 가운데 사는 것은 나를 사랑하사 나를 위하여 자기 자신을 버리신
> 하나님의 아들을 믿는 믿음 안에서 사는 것이라"(갈 2:20, 개역개정).

> "너희 안에 이 마음을 품으라 곧 그리스도 예수의 마음이니"(빌 2:5, 개
> 역개정).

예수 믿는 사람이란 어떤 사람입니까? 예수님의 마음을 품고 사
는 사람입니다. 예수님을 마음에 모시고, 그분의 영과 그분의 정
신으로 사는 사람입니다. 예수님의 마음으로 세상을 보고, 예수
님의 마음을 따라 생각하며, 예수님의 마음을 통해서 주어진 삶
을 살아가는 사람입니다. 그들이 예수 믿는 사람들입니다.
성경책을 옆에 끼고 다니고, 십자가를 목에 걸고, 자동차 뒤에
물고기 그림을 붙이는 것은 중요한 게 아닙니다. 마음이 어디
에 있는지, 마음속에 무엇이 들어가 있는지가 중요합니다.
신앙생활은 겉모습이 아닙니다. 껍데기가 아닙니다. 형식이나,
제도나, 폼이 중요한 것이 아닙니다. 종교적인 냄새를 피우는

것이 중요한 게 아닙니다. 예수 믿는 신앙생활의 핵심은 마음입니다. 정신입니다. 영입니다.

참다운 법관은 육법전서를 줄줄 외우는 사람이 아닙니다. 법의 정신, 법의 취지, 법의 마음을 느끼고 재판하는 사람입니다. 진정한 시인은 남의 시 수백, 수천 편을 암송하는 사람이 아닙니다. 한 편의 시를 읽으면서도 그 시인의 마음을 느끼는 사람입니다. 책을 바로 읽는 것은 책을 쓴 사람의 지식을 내 머릿속에 옮겨 놓는 것이 아니라, 그 책의 정신을 이해하는 것입니다.

예수님 당시에 존경받던 바리새인들은 경건을 외적인 형식으로 착각했습니다. 율법을 주신 하나님의 마음을 이해하려고 하기보다는 그 율법을 규칙화했습니다. 그래서 율법에 매여 버린 형식주의자들이 되었습니다. 그들은 이렇게 기도했습니다.

> "하나님이여 나는 다른 사람들 곧 토색, 불의, 간음을 하는 자들과 같지 아니하고 이 세리와도 같지 아니함을 감사하나이다 나는 이레에 두 번씩 금식하고 또 소득의 십일조를 드리나이다 하고"(눅 18:11~12, 개역개정).

그러나 세리는 율법을 한 구절도 제대로 외우지 못했지만, 하나님 앞에서 자신이 지은 죄에 대해 깊이 후회하고 통회하는 마음을 가졌습니다. 예수님은 그 세리를 이렇게 묘사하셨습니다.

"세리는 멀리 서서 감히 눈을 들어 하늘을 쳐다보지도 못하고 다만 가

슴을 치며 이르되 하나님이여 불쌍히 여기소서 나는 죄인이로소이다

하였느니라"(눅 18:13, 개역개정).

하나님은 이 두 사람 중에 누구의 경건을 받으셨습니까? 누구
의 기도를 더 기뻐하셨습니까? 경건의 모양을 자랑하던 바리
새인이 아니라, 가슴을 쓸어안고 회개하던 세리였습니다.
신앙은 마음입니다. 정신입니다. 하나님은 기름진 제물보다 상
하고 통회하는 마음을 더 기뻐하십니다. 하나님은 우리 중심의
진실을 원하십니다. 우리가 하나님의 마음을 이해하며, 그 마
음을 품고 살기를 원하십니다.

히브리서 3장 1절을 보면, 우리가 묵상해야 할 예수님이 '사
도'라고 합니다. '사도'는 헬라어로 '아포스톨로스(Ἀπόστολος)'
라고 하는데, '사명을 띄워 보내심을 받은 자'라는 뜻입니다.
예수님이야말로 인간을 구원하기 위한 특별한 사명을 받고 오
신 '사도'입니다.
예수님이 사명을 갖고 이 땅에 오실 때 어떻게 오셨는지, 어떤
모습으로 오셨는지를 깊이 묵상해야 합니다. 그분이 치르신 희

생, 그분이 보이신 겸손, 그분이 우리에게 보이신 사랑, 그분이 한없이 참으신 인내, 그리고 그분이 우리를 위해 지신 십자가를 깊이 생각해야 합니다.

'그럴듯하다' 하고 머리로 짐작하는 것만으로는 부족합니다. 단순한 지식은 머리로 깨우칠 수 있지만, 참된 진리는 가슴으로 받아들여야 합니다. 차가운 이성으로는 진리를 만날 수 없습니다. 가슴으로 깨닫고, 마음으로 느껴야 합니다.

예수님이 우리를 위해 얼마나 낮아지셨습니까? 얼마나 쓰린 고통을 당하셨습니까? 그분의 뒤를 따르는 우리는 어떤 삶을 살아야 합니까? 깊이 생각하고, 그 십자가를 붙들고, 가슴으로 그 의미를 깨우쳐야 합니다. 무릎으로 십자가 앞에 나아가, 마음의 눈을 떠서 주님을 바라봐야 합니다. 십자가가 더 이상 강대상 위에 달려 있는 장식이 아니라, 내 가슴에 꽂힌 사랑의 표지가 되어야 합니다. 그때 비로소 우리는 예수님이 제자가 되고, 예수님은 우리의 주님이 되십니다.

진짜
크 리 스 천 인 가 ?

주후 4세기경, 어거스틴은 신앙 문제로 씨름하던 어느 날, 꿈에서 천국 문 앞에 이르렀습니다. 천국 문지기가 물었습니다.

"당신은 누구요?"

어거스틴이 대답했습니다.

"크리스천입니다."

그러자 문지기가 말했습니다.

"내가 보니 당신 머릿속에는 철학자 키케로의 사상만 꽉 들어
차 있고, 예수님의 말씀은 별로 없구려. 당신은 철학자일지는
모르지만, 크리스천은 아니요."

깜짝 놀라 꿈에서 깬 어거스틴은 그때 굳게 결심했다고 합니다.

"그렇다. 나는 크리스천이다. 나는 이제부터 크리스천답게 예
수님과 그분의 말씀에만 전념하리라."

머릿속이 온통 철학으로 꽉 차 있는 사람을 철학자라고 합니
다. 술로 꽉 차 있는 사람을 술꾼이라고 합니다. 크리스천이란
어떤 사람입니까? 머릿속이 예수님으로 꽉 찬 사람입니다. 예
수님이 나의 삶의 기준인 사람입니다. 예수로 말미암아 살고,
예수를 위해 기꺼이 죽을 수 있는 사람입니다.

100여 년 전, 최권능 목사님은 얼마나 전도를 많이 하셨는지,
눈만 뜨면 "예수 믿고 천당 가세요"를 외쳤습니다. 말이 너무
기니까, "예수 천당"으로 줄여 밤낮을 가리지 않고 복음을 전하

다가, 주재소에 끌려갔습니다. 그곳에서 고문하는 순사에게 매를 맞고는 기절했습니다.

고문하던 순사가 양동이 한 가득 찬물을 떠다가 기절한 목사님 위에 부었습니다. 정신이 번쩍 든 목사님은 벌떡 일어나면서 그를 향해 소리를 질렀습니다.

"예수 천당!"

순사는 기겁을 하고 자빠졌습니다. 그리고 기가 막혀 물었습니다.

"할아범, 당신은 도대체 어찌 된 사람이 예수 천당밖에 모르오?"

그때 목사님이 유명한 말을 남기셨습니다.

"내 속은 예수로 꽉 차 있소. 누구든지 날 건드리기만 하면 예수가 쏟아지오."

심령이 오직 예수로만 꽉 차서, 건드리기만 하면 예수가 쏟아지던 최권능 목사님. 그런 분이 계셨기에 오늘의 한국 교회가 있게 된 것입니다.

2,000년 전 어느 날, 한 청년이 예수님을 찾아왔습니다. 그는 부자였고 이스라엘의 관원, 즉 고위직 공무원이었습니다. 돈과 권력을 가진데다가 그 두 가지로 인생을 즐길 수 있는 젊음까지 있었습니다. 한마디로 행복의 조건을 모두 갖춘, 더 바랄 것이 없는 청년이었습니다.

게다가 이 젊은이는 그 모든 것 위에 하나 더, '지혜'까지 있었습니다. 자기가 누리고 있는 이 모든 것들이 얼마나 쉽게 사라질 것인지를 잘 알고 있었다는 말입니다. 권력이 얼마나 쉽게 무너지는지, 자신이 소유한 재물이 얼마나 정함이 없는 것인지, 젊음이 얼마나 쉽게 시들어 버릴 것인지를 잘 알고 있었습니다. 그래서 예수님께 나아와서 영생의 문을 두드렸습니다.

"선생님, 제가 어찌해야 영생을 얻겠습니까?"

예수님은 젊은이에게 대답하셨습니다.

"계명을 지키라."

"다 지켰습니다. 그래도 부족한 것이 있습니까?"

"네 소유를 팔아 가난한 사람들에게 나눠 주고, 나를 쫓으라."

대개 우리는 전도할 때 "담배 끊고, 술 끊고, 제사도 지내지 말고, 주일은 어떤 일이 있어도 거룩히 지켜야 한다. 그럴 자신이 없거든, 일찌감치 그만두라"고 하지 않습니다. 거의 모든 결단을 유보합니다. "담배 피우면서, 술 마시면서 그냥 나오세요. 믿음이 생기면 차차 끊으시면 됩니다." 하지만 예수님은 다짜고짜 그 청년에게 말씀하셨습니다.

"너는 네 소유를 다 팔아 가난한 사람들에게 주고, 나를 쫓으라."

왜 그토록 엄격하셨을까요? 젊은이의 마음속에서 탐욕을 보셨기 때문입니다. 그래서 청년에게 단호하게 물으신 것입니다.

"네가 구하는 영생을 위해 네 모든 것들을 포기할 수 있느냐?"

예수님의 질문을 요즘 식으로 표현한다면 이럴 것입니다.

"네가 지금 영생을 구하는데, 그것이 얼마나 절박한 문제냐? 그 영생을 위해 네가 중히 여기는 재산까지 나눠 줄 각오가 되어 있느냐? 네 삶의 우선순위가 무엇이냐? 지금 네가 구하고 있는 영생을 위해, 네가 가진 모든 것을 포기할 수 있겠느냐?"

그러자 젊은이는 슬퍼하며 예수님의 곁을 떠나갔다고 성경은 기록합니다. 그 젊은이는 자신의 모든 것을 포기하면서까지 영생을 얻고 싶지는 않았던 것입니다. 세상에 이처럼 불쌍한 사람은 또다시 없을 것입니다. 영생의 주인이신 예수님을 대면하는 엄청난 기회를 가졌으면서도, 영생을 놓쳐 버렸기 때문입니다. 2,000년 전, 그가 영생을 포기하면서까지 놓기 싫어했던 재물, 그가 포기하고 싶지 않았던 권력은 세월이 지난 지금 어디에 있습니까? 장래가 촉망되고, 행복의 모든 조건을 갖추었던 그 젊은이는 지금 어디에 있습니까? 2,000년이 지난 지금 모두 어디로 사라졌습니까? 아마도 이스라엘 땅 어느 곳에서 한 줌의 흙이 되어 밟히고 있을 것입니다.

당신 가슴속에는 지금 무엇이 자리 잡고 있습니까? 무엇이 당신의 머리와 마음을 채우고 있습니까? 회개하기 전의 어거스틴처럼, 주워들은 철학 몇 줄입니까? 아니면, 영생의 주님 앞에서 돌아서야 했던 젊은이처럼, 재물이나 권력에 대한 탐욕입니까? 아니면, 최권능 목사님처럼 나를 위해 죽으시고 다시 사셔서 영생의 길을 열어 놓고 기다리시는 예수님의 영입니까?
어거스틴의 결단을 곱씹어 봅니다.

"나는 크리스천이다. 이제 그리스도와 그의 말씀에만 전념하리라."

주님, 입술이 아니라,
가슴으로 주님을 배우게 하소서.

6
왜 용서해야 하는가?

예수께서는 '나도 네 죄를 묻지 않겠다. 어서 돌아가라. 그리고 이제
부터 다시는 죄짓지 마라' 하고 말씀하셨다(요 8:11, 공동번역).

인간의
죄

한 청년이 방탕한 생활을 하다가 매독에 걸렸습니다. 그는 남
몰래 치료하고는 좋은 배우자를 만나 결혼했습니다. 그런데 완
쾌된 줄 알았던 매독 균이 아내가 출산하려는 순간 재발해 나
타났습니다.

결국, 산모는 아이를 낳다가 죽고 말았습니다. 아이는 목숨을
건졌지만, 한쪽 눈이 짓무른 외눈으로 태어났습니다. 이 모습
을 지켜본 청년은 권총으로 자살합니다.

이야기는 여기서 끝나지 않습니다. 자신이 태어나던 날, 아빠
와 엄마를 모두 잃고 태어난 외눈의 아이는 세상을 저주하며
살았습니다. 그리고 미국의 25대 대통령 윌리엄 매킨리(William
McKinley)를 권총으로 암살합니다.

당시에 미시간 주지사였던 디킨슨은 말했습니다.

"교회가 한 청년을 방탕에서 건져 내지 못함으로, 최소한
네 가지의 비극이 일어났다. 첫째, 젊은 시절의 방탕한 생
활로, 한 젊은이가 사랑하는 아내와 아들을 잃고 자살했다.
둘째, 죄 없는 젊은 엄마는 영문도 모른 채 죽어 갔다. 셋째,
아버지 때문에 성병에 감염된 외눈의 아들은 사형장의 이
슬로 사라졌다. 넷째, 존경받던 매킨리 대통령은 아무런 이
유 없이 억울하게 죽어야 했다."

여기서 중요한 진리 하나를 발견합니다. 한 사람의 죄는 그 한
사람으로 끝나지 않는다는 것입니다. 죄는 유전되고 전염되면
서 많은 사람을 불행하게 만듭니다. 그리고 종국에는 전 인류
를 비극으로 몰아넣습니다. 가끔 어려운 일을 만나거나 비극적
인 사건을 접하면, 사람들은 깊이 생각해 보지도 않고 대뜸 하
나님부터 원망합니다.
"하나님, 세상을 왜 이렇게 만들었습니까?"
"왜 내게 이런 일이 일어납니까?"
하지만 생각해 보면, 거의 모든 비극과 재난은 인간이 만든 것
임을 발견합니다. 하루에 최소한 만 명 이상이 먹을 것이 없어
굶어 죽어가는 비극적인 재난 앞에서, 사람들은 하나님을 원망

합니다.

"왜 전능하신 하나님은 모든 사람이 먹을 수 있도록 풍족하게 식량 생산을 하게 못하십니까?"

하지만 조금만 깊이 생각해 보면, 이런 비극은 식량 부족이 아니라 인간의 이기심과 탐욕에서 온다는 사실을 발견합니다. 가진 이들이 조금만 절제하고 절약해서 나누기만 한다면, 선진국에서 애완용 동물들에게 주는 사료를 조금만 줄일 수 있다면, 국제식량농업기구에서 공급하는 식량을 권력자들이 착복하지 않고 제대로 전달해 준다면, 현재의 식량만을 가지고도 충분히 기아 문제를 해결할 수 있을 것입니다. 남한에서 버려지는 음식물 찌꺼기를 줄일 수만 있다면, 북한 동포들의 배고픔은 많이 해결될 것입니다. 지구 한편에서는 먹을 것이 없어서 수많은 이들이 굶어 죽어가는데, 다른 한편에서는 너무 먹어서 살 빼느라 수많은 자원이 낭비되고 있습니다.

이런 것들을 생각하면, 결코 하나님께 책임을 돌릴 수 없습니다. 온난화 현상으로 오는 지진과 홍수는 어떻습니까? 하나님이 주신 아름다운 자연의 선물을 인간의 이기심과 탐욕으로 난개발한 결과, 생태계를 위협하게 됐습니다. 우리는 지금, 자연의 생태계를 파괴한 대가를 톡톡히 치르고 있는 것입니다.

현대 사회에서 일어나는 수많은 범죄 또한 그렇습니다. 왜 그토록 무자비한 폭력과 죄악이 난무합니까? 하나님이 그런 것을 조장하셨습니까? 결코 아닙니다. 인간이 하나님의 은혜와 사랑의 법을 어기고, 하나님이 선물로 주신 소중한 가치(사랑, 우정, 평화 같은 영원한 선물)를 무시했기 때문입니다. 눈에 보이는 찰나적인 유혹에 홀려서, 그것들을 얻기 위해 기꺼이 자신들을 죄에 내던졌기 때문입니다.

하나님은 세상을 질서 있게 창조하셨습니다. 그러나 인간은 세상을 뒤죽박죽으로 만들어 놓았습니다. 하나님은 세상을 아름답게 지으셨습니다(창 1:31). 그런데 인간이 그것을 추하게 망쳐 놓았습니다. 오늘날 세상이 이렇게 된 것은 결코 하나님의 실수도, 무능도 아닙니다. 오직 인간의 죄악 때문입니다.

미국의 35대 대통령 J. F. 케네디(Kennedy)의 아버지는 술 공장을 차려서 갑부가 되었습니다. 그러나 인생의 황혼기에 자식들이 하나 둘, 비극적으로 죽거나 고통 당하는 것을 봐야만 했습니다. 한 명은 중풍으로 죽고, 둘은 총에 맞아 죽고, 또 몇은 이혼과 불명예에 시달렸습니다. 언론은 "케네디 가문의 저주는 언제나 끝이 날 것인가?"라는 기사들을 써 댔습니다. 결국 케네디의 아버지는 비통한 마음으로 말년에 이렇게 고백했습니다.

"내가 술 공장으로 많은 가정들을 파괴했더니, 하나님이 우리 집안을 파괴하시는구나."

혹시 죄를 지으면서도 성공할 수 있을지 모릅니다. 수단과 방법을 가리지 않고 돈을 벌고, 높은 지위에 오를 수 있을지도 모릅니다. 하지만 그렇게 성공하고, 돈을 벌고, 높은 지위에 올라 최고의 권력을 잡는다 해도 결국 자신이 저지른 모든 죗값을, 언젠가는 반드시 치를 것입니다.

인생에서 가장 큰 비극의 씨앗은 죄입니다. 세상 어떤 것보다 가장 시급히 해결해야 할 문제도 바로 죄입니다. 죄 문제가 해결되지 않는 한, 우리 인생에는 결코 참된 행복이 없을 것입니다. 죄는 무엇보다 먼저 해결되어야 합니다. 성공보다, 출세보다, 이 세상 그 어떤 문제보다 가장 먼저 죄를 다스려야 합니다.

죄의 그 무거운 짐을
해결하러 오신 분

2,000년 전, 예수 그리스도는 바로 이 죄의 문제를 해결하기 위해 이 땅에 오셨습니다. 그분은 가장 본질적이고 시급한 문제인 죄를 해결하려고 오신 화목 제물입니다. 예수님은 자신이 오신 목적을 이렇게 말씀하셨습니다.

"인자의 온 것은 섬김을 받으려 함이 아니라 도리어 섬기려 하고 자기 목숨을 많은 사람의 대속물로 주려 함이니라"(막 10:45, 개역한글).

언젠가 읽었던 글이 기억납니다.

"만일 인생의 가장 큰 문제가 돈이었다면, 예수님은 경제학
자로 오셨을 것입니다. 인생의 가정 큰 문제가 단지 정치였
다면, 예수님은 유명한 정치가로 오셨을 것입니다. 인생의
가장 큰 문제가 과학 기술의 발달로 풀릴 수 있었다면, 예
수님은 과학자로 오셨을 것입니다. 그러나 2,000년 전 이
땅에 사람 되어 오신 하나님의 아들 예수님은, 인생의 가장
절박하고 근본적인 문제가 죄의 문제인 줄 아시고, 그 죗값
을 치르기 위해 십자가에 죽으러 오셨습니다. 그리고 죄에
매여 고통 당하는 인생들을 그 죄의 사슬에서 해방시키시
고, 저 구원의 큰 기쁨을 맛보게 하셨습니다."

예수님이 제자들과 함께 유월절 식사를 하시면서 말씀하셨습
니다.

"이것은 죄 사함을 얻게 하려고 많은 사람을 위하여 흘리는바 나의 피
곧 언약의 피니라"(마 26:28, 개역개정).

예수님이 십자가에 못 박혀 돌아가시면서 말씀하셨습니다.

"이에 예수께서 가라사대 아버지여 저희를 사하여 주옵소서 자기의
하는 것을 알지 못함이니이다"(눅 23:34, 개역한글).

이사야 선지자는 일찍이 그분의 죽음을 통해 우리에게 임한
축복을 노래했습니다.

"그가 찔림은 우리의 허물 때문이요 그가 상함은 우리의 죄악 때문이
라 그가 징계를 받으므로 우리는 평화를 누리고 그가 채찍에 맞으므
로 우리는 나음을 받았도다"(사 53:5, 개역개정).

사도 베드로는 선포했습니다.

"너희가 알거니와 너희 조상의 유전한 망령된 행실에서 구속된 것은
은이나 금같이 없어질 것으로 한 것이 아니요 오직 흠 없고 점 없는
어린양 같은 그리스도의 보배로운 피로 한 것이니라"(벧전 1:18~19,
개역한글).

세상에 태어나는 모든 사람은 다 살려고 옵니다. 죽으러 오는
사람은 없습니다. 하지만 오직 예수님 한 분은 이 땅에 태어나

기 전부터 죽기로 작정하고 오셨습니다.

죽을 줄 뻔히 알면서도, "나의 원대로 마시옵고 아버지의 원대로 하옵소서"라고 기도하시며 예루살렘 성으로 들어가신 예수님. 당신이 죽어 우리를 살리려고 오신 예수님. 그분이 바로 우리가 믿고 의지하는 구주(The Saviour)요, 주님(The Lord)이십니다. 예수님은 우리의 죄를 지시고 심장에 창이 찔리셨습니다. 우리 손으로 지은 죄로 인해 양손에 대못이 박히셨습니다. 우리 발로 지은 죄로 인해 양발이 포개어져 못 박히셨습니다. 우리 입으로 지은 죄로 인해 입술이 갈하셨습니다. 예수님으로 인해, 이제 우리의 모든 허물과 죄는 용서받았습니다. 우리는 그분 안에서 자유케 되었습니다.

예수님을 마음에 모신 사람은 그동안 옭아 매였던 죄의 사슬을 끊습니다. 마음의 무거운 짐이 사라집니다. 지금까지 나를 누르고 있던 양심의 가책, 불안, 공포가 사라집니다. 죄책감과 죄의식에서 해방되고, 중생의 축복을 받아 새사람이 됩니다.

불가타(Vulgata) 성경(라틴어 번역)을 번역한 제롬(Jerome)은 성탄절에 주님께 최고의 선물을 드리고 싶었습니다. 평생 혼신의 힘을 다해 번역한 불가타 성경을 주님께 바쳤는데, 주님은 받지 않으셨습니다. 고민하던 제롬은 자신의 삶에서 자랑할 만한 미덕과 선행을 드렸는데, 주님은 역시 받지 않으셨습니다. 더 이상 자신의 삶에서 하나님께 드릴 것이 없음을 깨달은 제롬은 크게 절망했습니다. 그런데 그때 주님이 말씀하셨습니다.

"사랑하는 아들 제롬아, 내가 네게 원하는 선물은 네가 번역한 성경도 아니고, 네 선행도 아니다. 나는 무엇보다 네 죄를 원한다. 네 죄를 바쳐라. 내가 기꺼이 용서하겠다. 그러고 난 후에 네가 바치는 다른 선물들을 기쁘게 받겠다. 그리고 내가 너를 위해 예비한 선물들을 부어 주겠다."

주님이 우리에게 요구하시는 선물은 억만금의 재물이 아닙니다. 세상을 놀라게 하는 선행도 아닙니다. 오히려 우리 속에 감추어 회개하지 않은 우리의 죄입니다. 예수님은 그 죄의 짐을 벗겨 주기 위해 오셨습니다.

'수고하고 무거운 짐'이란, 단순히 고달픈 세상살이의 어려움이 아닙니다. 우리의 허물과 죄로 말미암아 당하는 고통과 시련을 말하는 것입니다.

주님을 믿는다고 하면서도 아직 해결하지 못한, 나를 괴롭히고 있는 죄는 없습니까? 마음속에 부담이 되고, 무거운 죄책감으로 고통을 당하고 있는 문제는 없습니까? 우리의 죄의 사슬을 깨뜨리고 하늘의 평화를 선물하기 위해 주님이 이 땅에 오셨음을 기억해야 합니다.

우리 중에
죄 없는 사 람 이   있 는 가 ?

간음하다가 현장에서 잡힌 여인이 예수님 앞에 끌려왔습니다. 이 여인은 영생을 얻기 위해 예수님을 찾은 것이 아닙니다. 오히려 가장 부끄럽고 추한 모습으로 주님 앞에 끌려왔습니다. 세상의 모든 여인들은 남들 앞에서 아름답고 깨끗하게 보이기를 원하는데, 이 여인은 추한 몰골로 끌려와서 예수님 앞에 내동댕이쳐진 것입니다.

생각해 보면, 예수님께 나아오는 인생들의 모습은 참 다양합니다. 성공하고 출세해서 목에 힘주며 자랑스럽게 나오는 이들도 있지만, 실패하고 갈 데 없어서 두 손 들고 하나님 앞에 나오는 이들도 있습니다. 경건한 구도자의 모습으로 진리를 깨우치기 위해 오는 이도 있습니다. 반면에, 지난날 저지른 허물과 죄에 대해 통회하고 자복하는 마음으로, 주님의 한없는 긍휼과 용서를 구하며 찾아오는 이도 있습니다.

참으로 다양한 모습과 백인백색의 목적으로 주님을 찾아 나오지만, 그들을 맞아 주시는 주님은 언제나 한결같습니다. 우리는 이것을 잊지 말아야 합니다.

주님은 대통령이라고 버선발로 달려오시지 않습니다. 사형수라고 박대하지 않으십니다. 유식한 사람이라고 환대하지 않으시고, 무식한 사람이라고 차별하지 않으십니다. 힘 있는 사람, 힘없는 사람, 돈 많은 사람, 돈 없는 사람, 잘생긴 사람, 못생긴 사람, 남자, 여자, 어른, 아이 할 것 없이 예수님은 모두를 따뜻하게, 기뻐 맞아 주시는 긍휼의 하나님이십니다. 그 주님이 우리를 초대하고 계십니다.

> "수고하고 무거운 짐 진 자들아 다 내게로 오라 내가 너희를 쉬게 하리라"(마 11:28, 개역개정).

인생에 지치고 수고한 사람들이라면, 무거운 짐을 지고 피곤한 사람들이라면, 그래서 하나님의 은혜 안에서 쉬기를 원하는 사람들이라면, 주님은 어떤 사람이든 결코 박대하지 않으십니다.

> "목마른 자들아 물로 나아오라 돈 없는 자도 오라 너희는 와서 사 먹되 돈 없이, 값없이 와서 포도주와 젖을 사라 … 너희는 귀를 기울이고 내게 나아와 들으라 그리하면 너희 영혼이 살리라"(사 55:1, 3, 개역한글).

오늘 당신의 모습이 어떠하든지, 주님은 있는 그대로의 당신을 기뻐 맞아 주십니다. 자의로 나왔든 끌려 나왔든, 성공한 모습으로 나왔든 실패한 사람의 모습으로 나왔든, 경건한 구도자의 모습으로 나왔든 부끄러운 죄인의 모습으로 나왔든, 주님은 있는 모습 그대로 당신을 기쁘게 맞아 주실 것입니다.

서기관과 바리새인들이 간음하다가 현장에서 잡힌 여인을 끌고 주님 앞에 나와 소리를 높입니다.

"선생이여 이 여자가 간음하다가 현장에서 잡혔나이다 모세는 율법에 이러한 여자를 돌로 치라 명하였거니와 선생은 어떻게 말하겠나이까"(요 8:4~5, 개역한글).

성경에 보면 이런 말씀이 있습니다.

"누구든지 남의 아내와 간음하는 자 곧 그의 이웃의 아내와 간음하는 자는 그 간부와 음부를 반드시 죽일지니라"(레 20:10, 개역개정).

"처녀인 여자가 남자와 약혼한 후에 어떤 남자가 그를 성읍 중에서 만나 통간하면 너희는 그들을 둘 다 성읍 문으로 끌어내고 그들을 돌로 쳐 죽일 것이니"(신 22:23~24, 개역한글).

이런 엄위(嚴威)한 하나님의 말씀에 의하면, 예수님 앞에 끌려나온 여자는 두말할 것도 없이 이미 죽은 목숨이었습니다. 하지만 예수님은 둘러선 이들에게 말씀하십니다.

"너희 중에 죄 없는 자가 먼저 돌로 치라."

권위 있는 그 말씀 앞에서 아무도 감히 여인을 돌로 치지 못하고 물러납니다. 그리고 주님은 여인에게 말씀하십니다.
"여자여, 너를 고소하던 그들이 어디 있느냐. 너를 정죄한 자가 없느냐."
여인이 대답했습니다.
"주여, 없나이다."
예수님은 다시 여인에게 말씀하셨습니다.
"나도 너를 정죄하지 아니하노니, 가서 다시는 죄를 범치 말라."
세상천지에 유일하게 죄인을 심판하실 수 있는 오직 한 분이 "나도 너를 정죄하지 않는다"고 선포하셨습니다. 그러니 누가 감히 그 여인을 심판하겠습니까? 여기에 하나님의 무한한 용서가 있습니다.
성 어거스틴은 이렇게 적었습니다.

　"여기에 엄청난 비극이 있습니다. 동시에 여기에 엄청난 긍휼이 있습니다."

어거스틴은 의미 있는 단어를 사용했습니다.

"긍휼(misericordia)."

이 단어는 비극이란 뜻의 'miseria'에 심장, 마음이란 뜻인
'cordia'를 더한 합성어입니다. 긍휼이란, '다른 이의 비극에 심
장이 찢어지는 마음'이라는 뜻입니다.

여인의 간음죄는 결코 용서할 수 없는 죄였습니다. 마땅히 돌
에 맞아 죽어야 할 죄였습니다. 하지만 죄와 그 결과로 인해 고
통을 겪고 있는 그 처절한 여인의 모습에, 심장이 찢어지는 아
픔을 느끼신 예수님의 긍휼이 있었습니다. 그랬기에 여인은 기
꺼이 용서받을 수 있었습니다.

이쯤에서 우리 자신을 돌아보면, 어찌 그 여인만 그런 긍휼하
심을 받았겠습니까? 오늘 우리 또한 그와 같은 긍휼을 경험했
기에 이 믿음의 길을 걷고 있는 것 아니겠습니까? 죽어 마땅한
우리가 예수님의 긍휼로 용서받았으니, 그저 감사해야 할 뿐입
니다. 우리의 죄를 죄로 보지 않고 '비극'으로 보시고, 긍휼히
여기신 주님의 은혜에 감격과 기쁨으로 찬양해야 합니다. 사도
바울은 그 감격을 이같이 노래했습니다.

"누가 능히 하나님께서 택하신 자들을 고발하리요 의롭다 하신 이는
하나님이시니 누가 정죄하리요"(롬 8:33~34, 개역개정).

공의의 심판장이신 하나님이 나를 용서하셨다면, 이제 나는 용
서받은 것입니다. 하나님이 정죄하지 않으시는데, 도대체 누가
감히 나를 정죄하겠습니까? 그러므로 하나님의 조건 없는 용
서와 사랑을 믿고, 감사와 감격의 삶을 살아야 합니다.

동시에 천지의 주재이신 하나님이 용서를 선언하셨으니, 나도
나 자신을 용서해야 합니다. 나의 지난 실수와 허물을 계속 돌
아보면서 괴로워할 것이 아니라, 나도 나 자신을 용서해야 합
니다. 그 실수와 허물들을 딛고 일어서서, 자유케 해 주신 하나
님의 영광을 위해 거룩하고 존절하게 살기를 힘써야 합니다.

"하나님이 용서하셨으니, 나도 너를 용서하노라."

청년 시절, 고등학교 교사를 하던 때입니다. 나름의 원칙으로,
교육하는 선생이 되겠다는 사명감으로, 학생들을 강하게 훈육
하던 어느 날이었습니다. 성령님이 내 마음 깊은 곳의 선하지
못한 모습을 발견하게 하셨습니다. 나는 퇴근길에 교회로 직행
하여 밤을 새워 기도했습니다.

사실 기도라기보다는 나 자신의 모습에 실망해서 하나님 앞에
서 푸념을 털어놓은 것입니다. "나 같은 것도 용서하고 받아 주
실지' 호소하고 있었을 뿐입니다.

그날 밤, 주님은 나의 얼마 되지 않은 지난 삶을 완벽하게 돌아
보게 하셨습니다. 내가 얼마나 악한 존재인지를 보게 하셨습니

다. 어느 신학자의 말이 실감 나게 깨달아졌습니다.

"당신은, 당신이 생각하는 것보다 더 추악한 죄인이다."

그때 비로소 예수님 앞에 엎드려 고백할 수 있었습니다.

"당신은 세상 죄를 지고 죽으신 것이 아니라, 바로 저 한 사람
의 죄 때문에 죽으셨습니다."

그날 밤, 나는 천국의 기쁨을 맛보았습니다. 다음 날 아침, 떠
오르는 태양 아래의 모든 만물이 얼마나 아름다운지 감격했습
니다.

그 전까지는 "나도 죄인이다. 세상에 죄인 아닌 놈이 어디 있느
냐?" 하며 건방을 떨었는데, 그날 비로소 예수님을 나의 속죄
의 주님으로 모신 것입니다.

용서받았다면,
용 서 해 야   한 다

예수님의 놀라운 긍휼로 용서받았다면, 이제는 우리 또한 예수
님처럼 긍휼의 마음을 품고 남을 용서해야 합니다. 긍휼의 마
음으로 고통 당하는 이들의 아픔에 동참해야 합니다.

베드로가 예수님께 나아가 물었습니다.

"주여 형제가 내게 죄를 범하면 몇 번이나 용서하여 주리이까 일곱 번까지 하오리이까"(마 18:21, 개역한글).

주님은 대답하셨습니다.

"네게 이르노니 일곱 번뿐 아니라 일흔 번씩 일곱 번이라도 할지니라"(마 18:22, 개역한글).

일흔 번씩 일곱 번, 즉 490번 용서하라는 말은, 491번째에는 용서하지 않아도 된다는 말이 아닙니다. 그저 무한히 용서하라는 뜻입니다. 조건을 따지지 말고 용서하라는 것입니다.
누군가를 용서할 때 "한 번, 두 번, 세 번" 하고 그 횟수를 기억하며 용서한다면, 그것이 과연 참된 용서라고 할 수 있습니까?
마음속에 상대방이 잘못한 횟수를 그어 가면서 기억해 놓았다가 그 정한 숫자가 채워지면 복수의 칼을 들이대는 것은 참된 용서가 아닙니다. 단지 복수할 기회를 엿보고 있었던 것뿐입니다.
어떤 분이 참된 용서를 아주 잘 정의했습니다.

"용서란, 소극적으로는 용서한 그 일을 가지고 더 이상 이러쿵저러쿵하지 않는 것이고, 적극적으로는 그 사람과 올바른 관계를 회복하는 것이다."

용서의 3F 법칙이 있습니다.

"forgive(용서하라), forget(잊어버리라), forever(영원히)."

하나님이 죽어 마땅한 우리의 죄를 그렇게 용서하셨듯이, 횟수를 따지지 않고 무한정으로 용서하는 것은, 상대나 나의 조건에 상관없이 용서하는 것입니다. 흔히 용서에 조건을 붙이는 이들이 있습니다.

"그 사람이 먼저 내게 와서 빌면 용서하지."

"내 감정은 도저히 용서할 수 없어."

그러나 사도 바울은 말했습니다.

> "우리가 아직 죄인 되었을 때에 그리스도께서 우리를 위하여 죽으심으로 하나님께서 우리에게 대한 자기의 사랑을 확증하셨느니라"(롬 5:8, 개역한글).

하나님의 용서가 언제 나타났습니까? 우리가 예수 믿고 구원받아 주님의 말씀대로 살면서 착한 일만 할 때가 아니라, "우리가 아직 죄인 되었을 때"입니다.

그때 하나님이 우리를 위해 그분의 외아들 예수 그리스도를 죽이신 것입니다. 하나님의 용서는 원래부터 조건부가 아니었습니다. 그분의 용서를 받은 우리의 용서도, 결코 조건부가 되어서는 안 됩니다. 상대가 회개하지 않았어도 용서해야 합니다. 예수님은 자신을 못 박는 자들을 위해 기도하셨습니다.

"아버지여 저희를 사하여 주옵소서 자기의 하는 것을 알지 못함이니이다"(눅 23:34, 개역한글).

다 몰라서 그런 것입니다. 믿음이 아직도 어려서 그런 것입니다. 아직 성숙하지 못해서 그런 것뿐입니다. 그렇게 용서하는 것이 참된 용서입니다.

믿음이 연약한 이들의 실수를 용서해야 합니다. 사랑하는 형제들의 실수와 잘못을 용서해야 합니다. 우리가 모두 연약해서 그런 것입니다. 미숙해서 그렇습니다. 조금씩 성숙해 가면서 점점 더 나아질 것입니다.

용서하고 싶지 않을 때도 용서해야 합니다. 용서는 감정의 문제가 아니라, 의지의 문제이기 때문입니다. 예수님에게도 대속의 십자가를 지는 것은 결코 쉬운 일이 아니었습니다. 그래서 겟세마네 동산에서 피땀을 흘리며 기도하셔야 했습니다.

"아버지께는 모든 것이 가능하오니 이 잔을 내게서 옮기시옵소서 그러나 나의 원대로 마옵시고 아버지의 원대로 하옵소서"(막 14:36, 개역한글).

그토록 어렵고 힘든 일이었지만, 우리 주님은 기꺼이 그 잔을 마셨습니다. 다시 말하지만, 용서는 감정의 문제가 아니라, 의지의 문제이기 때문입니다. 어떤 이들은 말합니다.

"용서가 안 되는데, 어떻게 용서합니까?"

그런 이들에게 어떤 분이 아주 적절하게 말씀하셨습니다.

"주의 이름으로 명령합니다. 사랑하는 형제자매여, 그래도 용서하십시오. 주님도 그렇게 하셨습니다."

요셉은 꿈 많은 소년 시절에, 형들에 의해 노예 상인에게 팔려 갔습니다. 한창 어리광이나 부려야 할 나이에 머나먼 타국, 애굽 땅에서 머슴살이를 해야 했습니다. 인생의 황금기인 혈기 방장한 청년 시절에는, 고스란히 감옥에서 썩어야 했습니다. 인생의 황금기인 20년을 노예와 죄수의 몸으로 살아야 했습니다. 이는 다 누구 때문입니까? 비정한 형들 때문이었습니다. 아무것도 모르는 아이의 행복한 인생을 박살 내고, 꿈 많은 시절을 빼앗아 간 형들입니다. 혈기 방장한 청년 시절을 감옥의 죄수로 썩게 만든 형들입니다. 어찌 생각하면 형이라고 할 수도 없는 비정한 사람들입니다. 인간의 본성을 가지고 어떻게 그런 사람들을 용서할 수 있겠습니까?

하지만 요셉은 복수하지 않았습니다. 죽어도 아물 수 없는 깊은 상처를 남긴 저 비정한 형님들을, 조건 없이 용서했습니다.

용서했을 뿐 아니라, 심지어는 그들과 그들의 자식들까지 책임을 지겠다고 약속했습니다.

> "당신들은 두려워 마소서 내가 당신들과 당신들의 자녀를 기르리이다 하고 그들을 간곡한 말로 위로하였더라"(창 50:21, 개역한글).

두려워하는 형들을 오히려 '간곡한 말'로 위로했습니다. 자신의 분노, 억울함, 지난 20여 년의 고통스러웠던 아픔을 다 잊어버리고, 오직 형들의 두려움을 간곡한 말로 위로했습니다. 어떻게 그럴 수 있었습니까? 인생을 이끄시는 하나님의 섭리를 믿고, 그 섭리 앞에 순종하는 믿음을 가졌기 때문입니다. 그는 두려워 떠는 형들 앞에서 고백합니다.

> "당신들이 나를 이곳에 팔았다고 해서 근심하지 마소서 한탄하지 마소서 하나님이 생명을 구원하시려고 나를 당신들보다 먼저 보내셨나이다"(창 45:5, 개역개정).

> "요셉이 그들에게 이르되 두려워하지 마소서 내가 하나님을 대신하리이까 당신들은 나를 해하려 하였으나 하나님은 그것을 선으로 바꾸사 오늘과 같이 많은 백성의 생명을 구원하게 하시려 하셨나니"(창 50:19~20, 개역개정).

하나님이 어떤 사람을 들어서 사용하시겠습니까? 과거의 원한을 마음에 깊이 새겼다가, 복수할 힘이 생기는 순간, 냅다 복수의 칼을 내지르는 사람이겠습니까? 아니면, 비록 지난 세월 억울하게 당한 것을 생각만 해도 치가 떨리지만, 그 모든 아픔과 고통을 다 삭히고, 오직 더불어 살아갈 미래를 바라보면서 화평과 화해를 만들어 가는 사람이겠습니까?

"화평케 하는 자는 복이 있나니 저희가 하나님의 아들이라 일컬음을 받을 것임이요"(마 5:9, 개역한글).

"누구든지 네 오른편 뺨을 치거든 왼편도 돌려 대며"(마 5:39, 개역한글).

"원수 갚는 것이 내게 있으니 내가 갚으리라"(히 10:30, 개역한글).

"너희가 각각 중심으로 형제를 용서하지 아니하면 내 천부께서도 너희에게 이와 같이 하시리라"(마 18:35, 개역한글).

《모리와 함께한 화요일(Tuesday with morrier)》(세종서적, 2002)에서 모리 슈워츠는 죽음을 앞두고 제자인 미치 앨봄에게 유언처럼 부탁합니다.

"미치, 몇 년 전… 그 친구는 암으로 죽었다네. 하지만 난 그를 보러 가지 않았어. 물론 용서하지도 않았어. 그게 내 마음을 이렇게도 아프게 하네….”

“자신을 용서하게. 그리고 타인을 용서하게. 시간을 끌지 말게. 미치, 누구나 나처럼 그런 시간을 가질 수 있는 건 아니야. 누구나 다 이런 행운을 누리는 게 아니지.”

오래전 미국에서 있었던 일입니다. 한 살인범이 재판에서 사형 언도를 받았습니다. 그의 형이 공직에서 오랫동안 일한 공이 있었기에, 주지사를 찾아가 사면을 간청했습니다. 주지사는 형의 간곡한 요청과 형이 주 정부에 기여한 공로를 참작해서 사면장을 내렸습니다. 주지사의 사면장을 받아 양복 안주머니에 넣은 형은, 동생이 갇혀 있는 감방을 찾아갔습니다. 그리고 동생에게 물었습니다.

“만약 사면을 받고 다시 살아나게 된다면, 넌 뭘 하겠니?”
그러자 동생은 다짜고짜 소리를 질렀습니다.
“내가 살아 나가기만 하면 먼저 내게 사형 언도를 내린 그 판사 놈을 죽일 거야. 그 다음 내 재판에서 증인으로 나왔던 놈들도 모조리 죽일 거야.”
그 말을 듣고 심히 슬퍼진 형은 눈물을 지으며, 그 자리에서 일어나 걸어 나왔다고 합니다. 안주머니에 사면장을 품은 채로 말입니다.

혹시 이런 생각, 해 본 적 있습니까? 하나님이 보내 주신 축복의
천사가 내 마음속에 있는 분노와 미움과 증오심을 보고는 낙심
해서, 그것을 전달하지 못한 채 그냥 돌아갈지도 모른다는⋯.
무조건 용서하십시오. 이것이 가장 위대한 신앙인의 모습입니
다. 주 예수께서 우리에게 보여 주신 가장 위대한 가르침입니다.

주님, 조건 없이 용서하시는
그 사랑을 찬송합니다.

7

어떻게 사랑해야 하는가?

사랑은 언제까지나 떨어지지 아니하되(고전 13:8, 개역개정).

사랑 때문에
존 재 한 다

윌리엄 슬로언 코핀(William Sloane Coffin)은 말했습니다.

> "소크라테스는 틀렸다. 살 만한 가치가 없는 인생이란 자신
> 을 살피지 않는 인생이 아니라, 아는 것을 실천하지 않는 인
> 생이다. 데카르트(Rene Descartes) 역시 틀렸다. 'cogito ergo
> sum.' 나는 생각한다, 고로 존재한다? 그것은 난센스다.
> 'Amo ergo sum'이 맞는 말이다. 나는 사랑한다, 고로 존재하
> 는 것이다. '믿음, 소망, 사랑. 그 가운데 으뜸은 사랑이다'라
> 고 한 사도 바울의 말이 옳은 말이다. 나도 사랑이 으뜸이
> 라고 생각한다. 사랑하지 않으며 사는 것보다는 죽는 게 나
> 을 것이다."

행복은 어디에 있습니까? 지위나 돈이나 삶의 조건이 아니라, 사랑에 있습니다. 윌리엄 슬로언 코핀의 말처럼, 사랑하지 않으며 사는 것보다는 죽는 게 나을지도 모릅니다.

세상에서 가장 큰 비극은 가난한 것이 아닙니다. 배우지 못한 것도 아닙니다. 세상에서 가장 큰 비극은 사랑받지 못하고, 사랑하지 못하는 것입니다.

엄마가 더 이상 자신을 사랑하지 않는다고 느끼는 10대 딸의 마음은 어떨까요? 늙었다고 자식들에게 버림 받은 70대 노인의 마음은 어떨까요? 더 이상 남편이 자신을 사랑하지 않는다고 느끼는 40대 여인의 마음은 어떨까요? 그리고 학교에서 친구들에게 왕따를 당하는 어린 학생의 마음은 또 어떻습니까? 오늘날 거의 모든 폭력은 사랑받지 못한 상처 때문에 오는 것이 아닐까요?

소나 돼지는 사랑 때문에 죽지 않습니다. 하지만 사랑받기 위해 태어난 사람들, 사랑하면서 삶의 기쁨과 희열을 느끼는 우리 인생들은 사랑받지 못하면, 그리고 사랑할 수 없으면 최대의 절망과 아픔을 느낍니다.

그래서 세상에서 가장 악한 죄는 살인이 아니라, 사랑하지 않는 것입니다. 사랑해야 할 사람에게 무관심한 것입니다. 따뜻한 눈길, 따뜻한 말 한마디면 모든 오해와 아픔이 눈 녹듯 스러질 수 있는데도 비정한 마음과 차가운 눈빛으로 무정하게 사는 것입니다.

로마서 1장 후반을 보면, 하나님이 심판하실 타락한 마음 중 '무정한 마음'이 있습니다. 디모데후서 3장을 보면, 고통 당하는 말세의 특징 중에도 '무정한 마음'이 있습니다. 무정한 마음 이란 차가운 마음, 인정 없는 마음, 따뜻한 사랑을 잃어버린 마음입니다.

세상에서 가장 큰 비극은 사랑하지 못하고 사랑받지 못하는 것이요, 세상에서 가장 큰 죄는 무정한 마음, 인정 없는 마음으로 사람들을 대하는 것입니다. 베드로는 보배로운 믿음 위에 우리가 쌓아야 할 덕목 중 제일 꼭대기에 사랑을 두었습니다.

"이러므로 너희가 더욱 힘써 너희 믿음에 덕을, 덕에 지식을, 지식에 절제를, 절제에 인내를, 인내에 경건을, 경건에 형제 우애를, 형제 우애에 사랑을 공급하라"(벧후 1:5~7, 개역한글).

사도 바울은 성령의 아홉 가지 열매 중에 첫 번째로 사랑을 꼽았습니다.

"오직 성령의 열매는 사랑과 희락과 화평과 오래 참음과 자비와 양선과 충성과 온유와 절제니 이 같은 것을 금지할 법이 없느니라"(갈 5:22~23, 개역한글).

사랑은 신앙생활의 최고봉입니다. 사랑보다 위대한 진리가 없고, 사랑보다 위대한 봉사나 섬김도 없고, 사랑보다 아름다운 헌신도 없습니다.

빨간 안경을 쓰면 세상이 빨갛게 보이고, 파란 안경을 쓰면 세상이 모두 파랗게 보입니다. 미움의 눈으로 보면 세상이 모두 추하고 더럽고 악하게 보이지만, 사랑의 눈으로 보면 세상 모든 것이 아름답게 보입니다.

그래서 사랑하면 아름다워집니다. 사랑하면 예뻐집니다. 사랑하는 사람은 힘이 나고, 활력이 솟고, 세상 살맛이 납니다. 그러나 사랑하지 않으면 맥이 빠지고 세상 살맛이 나지 않습니다. 사랑은 단순한 감정이 아니라 삶의 활력이고, 힘이고, 생명입니다. 사랑하십시오. 이것이 최고의 믿음입니다.

고린도전서 13장 8절에서는 사랑을 이렇게 말하고 있습니다.

"사랑은 언제까지나 떨어지지 아니하되"(개역개정).

사랑이 떨어지지 않다니, 무슨 말입니까?
영어 성경에서는 이렇게 풀었습니다.

"Love never fails."

그렇습니다. 사랑은 결코 실패하지 않습니다. 사랑은 반드시 열매를 맺습니다. 반드시 성공합니다. 사랑하며 키운 자식은 반드시 잘되고, 사랑하며 섬기고 봉사한 일에는 반드시 풍성한 열매가 맺힙니다.

그렇다면 결코 실패하지 않는 사랑이란, 어떤 사랑입니까?

사랑이란 무엇인가

몇 년 전, 끔찍한 사건을 뉴스로 접했습니다. 50대 중반의 엘리트 공학박사가 치밀한 계획하에 아내를 살해한 후 유기한 사건입니다. 한국 컴퓨터 범죄연구학회 회장을 지낸, 경남의 모 대학 교수였던 그는 내연 관계였던 여성 대리기사와 공모해서 아내를 목 졸라 죽였습니다. 그리고 시신을 노끈과 쇠사슬로 묶어 가방에 담아 낙동강 하구에 버렸습니다. 그런데 바다로 밀려 사라질 줄 알았던 시신이 다시 강가로 밀려와 발견된 것입니다. 너무나 비극적이고 슬픈 이야기입니다.

이런 사건을 전해 들으면서, 다시 한번 우리 인생의 가장 근본적인 질문을 해 봅니다. "도대체 행복은 어디에서 오는가?", "돈이 많으면 행복한가?", "많이 배우면 행복한가?", "사회적인 지위가 높아지면 행복해지는가?", "숨이 막히도록 재미있는 것에 골몰하고, 쾌락이란 것은 모두 엔조이하면 행복해질까? 과연 쾌락에 끝이 있을까?"

그 교수는 배울 만큼 배운 사람이었습니다. 사회적으로도 어느 정도의 위치에 이르렀습니다. 먹고사는 데 지장이 없을 만큼 가진 사람이었습니다. 하지만 그는 결혼을 세 번 하고, 이혼을 두 번 했습니다. 세 번째 아내가 이혼해 주지 않자 그녀를 살해하고 다른 여자와 결혼할 생각이었습니다.

그는 그토록 가정의 행복을 원했건만, 어디에서도, 어느 여자와도 행복할 수 없었던 사람입니다. 무슨 수를 써서라도 행복하고 싶었지만, 참된 행복을 발견할 수 없었던 사람입니다. 그는 불쌍한 '행복병' 환자였습니다.

성경에서 말하는 '결코 실패하지 않는 사랑'이란, 아내를 죽이고서라도 여성 대리기사를 사랑해야 했던 엘리트 교수의 '빗나간 사랑'이 아닙니다. 살인에 동참할 만큼 한 남자를 사랑한 그 내연녀의 사랑도 아닙니다.

사실 이 두 사람의 사랑은 어떤 의미에서는 끔찍할 만큼 '무섭도록 강한 사랑'이었습니다. 자신들의 사랑을 쟁취하기 위해 남을 죽이기까지 했던 '엄청난 사랑'이었습니다. 아마도 세상에 그럴 수 있는 사람은 많지 않을 것입니다.

남을 죽여서라도 얻고자 했던 '독점적 사랑', '끔찍한 사랑.' 그러나 그런 사랑은 결코 '위대한 사랑'이 아닙니다. 그런 빗나간 사랑, 남을 죽이고서라도 나는 행복해야겠다는 자기중심적이고 이기적인 사랑, 남을 죽이고도 자신들은 행복할 수 있을 것이라고 착각한 너무나 어리석고 '말초적인 사랑.' 그런 사랑은 아무리 좋게 봐도 '어리석은 사랑'입니다.

바보로 오신 예 수 님

결코 실패하지 않는 사랑이란, 그런 사랑이 아닙니다. 그런 얄팍하고 말초적인 사랑이 아닙니다. 헬라어로 '아가페'의 사랑, 성경에서 말하는 '그 사랑', 사도 바울이 간곡하게 선포하는 '헤 아가페', 'The Love.' 그 사랑은 예수님의 사랑, 십자가의 사랑, 손해 보는 사랑입니다. 육체의 본능에서 나오는 것이 아닙니다. 십자가에서 죽어 가면서 터지는, 예수님의 심장에서 터져 나오는 아가페의 사랑입니다.

"아버지여, 저들의 죄를 용서하소서. 몰라서 그런 것뿐입니다."

인간의 본능에서 나오는 사랑은 본질적으로 이기적입니다. 계산적입니다. 그래서 손해 보지 않으려고 합니다. 그런 계산적이고 이기적인 사랑으로는 세상을 바꿀 수 없습니다. 가정도 바꿀 수 없습니다. 아니, 나 한 사람의 마음 하나도 못 바꿉니다. 모두가 똑똑한 세상에서는 아무도 손해 보려고 하지 않기 때문입니다.

그래서 모두가 똑똑한 세상에서는 정글의 법칙만이 존재합니다. 생존 경쟁의 피비린내 나는 투쟁만이 존재합니다. 그런 세상을 바꾸는 것은 똑똑한 사람들이 아니라, 오히려 바보 같은 사람들입니다. 바보들의 순수함이 똑똑한 사람들의 심장을 울릴 때, 세상은 바뀌는 것입니다. 이것을 가장 역설적으로 소개한 소설이 톨스토이(Lev Nikolaevich Tolstoy)의《바보 이반(Ivan the Fool)》입니다.

바보 이반에게는 아주 똑똑한 두 형이 있었습니다. 야망으로 똘똘 뭉친 큰형 세미욘은 군인이 되어 출세하고, 귀족 집안의 딸과 결혼해서 막강한 권력을 잡습니다. 재물에 욕심이 많은 둘째 형 타라스는 부자가 되어 떵떵거리고 삽니다. 그런데 막상 똑똑한 이 두 사람이 가정의 화평을 지키지 못합니다. 두 사람은 만나기만 하면 싸우고 다툽니다. 그들 사이를 중재하고 가정의 평화를 지키는 것은, 언제나 바보 이반이었습니다.

역설적이게도 권력가인 큰형과 재벌인 둘째 형은 나라의 위기를 극복하지 못합니다. 오히려 바보 같은 이반이 나라를 구합니다. 악마가 큰형 세미욘에게 다가가 더 큰 권력으로 유혹해서 무너뜨리고, 둘째 타라스에게 다가가 더 많은 돈으로 유혹해서 역시 실패하게 만들었기 때문입니다. 하지만 도대체 야망도, 욕심도 없는 바보 이반에게는 악마의 그 어떤 유혹도 통하지 않았습니다. 그래서 결국 악마가 이반에게 손을 들고 도망가 버립니다.

똑똑한 사람들만 가득한 집안은 시끄럽지만, 바보만 있는 집은 언제나 웃음꽃이 핍니다. 똑똑한 성도들이 많은 교회는 곳곳에서 다툼의 소리가 들리지만, 바보처럼 져 주고 욕먹고 양보하는 성도들만 있는 교회는 천국을 이룹니다. 어떻게 보면, 똑똑한 사람들이 모인 곳이 아니라, 제 것도 제대로 챙겨 먹지 못하는 어리숙한 바보들이 많은 공동체가 행복합니다.

'참된 사랑'을 한다는 것은, 생각처럼 그렇게 어려운 일이 아닙니다. 기꺼이 상대에게 바보가 되기만 하면 됩니다. 눈꺼풀에 콩깍지를 끼우고, "당신이 세상에서 가장 멋지다"고 고백하면 됩니다. 그것을 겉으로, 말로만 하면 아직 사랑이 온전하지 못한 것입니다. 그것을 내 영혼 속에서 믿어 버리면, 그리고 그것이 정말로 믿어지면, 그 사랑은 온전해지는 것입니다.

역사상 가장 큰 바보가 있습니다. 영광스러운 하나님이시면서도 천하의 가장 낮은 자리를 친히 찾아오신 예수님입니다.

그분은 본래 하나님이셨습니다. 온 세상 만물을 지으셨습니다.

그래서 그분은 모든 생명의 근원이시요, 이 세상 모든 것의 주인이십니다. 그런데도 하나님이기를 포기하시고, 자신이 지은 피조물인 인간의 모습으로 이 땅에 오셔서 십자가에 높이 달려 죽으셨습니다.

위대한 사랑장인 고린도전서 13장을 쓴 사도 바울은, 또 다른 위대한 시인 빌립보서 2장의 '겸비의 찬송'에서 노래합니다.

"너희 안에 이 마음을 품으라 곧 그리스도 예수의 마음이니 그는 근본 하나님의 본체시나 하나님과 동등됨을 취할 것으로 여기지 아니하시고 오히려 자기를 비어 종의 형체를 가져 사람들과 같이 되었고 사람의 모양으로 나타나셨으매 자기를 낮추시고 죽기까지 복종하셨으니 곧 십자가에 죽으심이라"(빌 2:5~8, 개역한글).

십자가의 사랑으로
사 랑 하 라

도대체 사랑이 무엇입니까? 하나님이 하나님이기를 포기하시는 것, 목사가 목사 대접 받기를 포기하는 것, 장로가 장로 대접 받기를 포기하는 것, 남편이 집에서 남편 대접과 가장 대접 받기를 포기하는 것, 그것이 사랑입니다.

높은 자리를 포기하고 가장 비천한 자리로 내려오시는 것, 그래서 사랑하는 피조물을 구하기 위해 피조물의 모습으로 기꺼이 죽으시는 것, "내가 죽으니 너희는 살아라" 하며 축복하시는 것, 그것이 바로 하나님의 참된 사랑인 것입니다.

사도 요한은 이 사랑에 대해 아름답게 적었습니다.

"하나님의 사랑이 우리에게 이렇게 나타난바 되었으니 하나님이 자기의 독생자를 세상에 보내심은 저로 말미암아 우리를 살리려 하심이니라 사랑은 여기 있으니 우리가 하나님을 사랑한 것이 아니요 오직 하나님이 우리를 사랑하사 우리 죄를 위하여 화목제로 그 아들을 보내셨음이니라"(요일 4:9~10, 개역한글).

"어느 때나 하나님을 본 사람이 없으되 만일 우리가 서로 사랑하면 하나님이 우리 안에 거하시고 그의 사랑이 우리 안에 온전히 이루느니라"(요일 4:12, 개역한글).

얼마나 위대한 고백입니까? 역사상 하나님을 눈으로 본 사람은 한 명도 없습니다. 하나님은 우리의 썩을 육신의 눈으로 볼 수 있는 분이 아니기 때문입니다. 하지만 우리가 서로 사랑하기만 하면, 하나님이 우리 안에 살아 계신다는 것입니다. 그리고 그 하나님의 사랑이 우리 안에서 온전히 완성된다는 것입니다.

우리가 서로 사랑하기만 한다면, 하나님은 우리 안에 사십니다. 그리고 하나님의 사랑이 우리 안에서 완성될 것입니다. 우리가 어떻게 하나님을 만날 수 있습니까? 하나님의 사랑이 우리 속에 온전히 이뤄지는 것을 어떻게 경험할 수 있습니까? 위대한 업적을 남기거나, 큰일을 해야 하는 것이 아닙니다. 우리가 십자가의 사랑으로 서로를 사랑하기만 하면 됩니다. 본능적인 사랑이 아니라, 십자가 위에서 예수님이 보여 주신 그 사랑으로 사랑하면 됩니다.

평생을 상한 심령을 치료하는데 노력해 온 데이비드 A. 씨맨즈(David A. Seamands)는 《크리스채너티 투데이(Christianity Today)》에 기고한 글에서 다음과 같이 정리했습니다.

"나는 오랫동안 올바른 신앙을 가졌으면서도 정서적으로 문제가 있는 성도들을 만나 상담하면서, 그들이 그렇게 되는 중요한 원인을 두 가지 발견했습니다. 첫째는, 그들이 한결같고 무조건적인 하나님의 은혜와 용서를 깨닫지 못해 받아들이지 못하고, 누리지 못하기 때문입니다. 둘째는, 그 무조건적인 사랑과 용서를 받았으면서도 남에게 베풀지 않기 때문입니다. 이것이 사랑에 실패하는 이유입니다."

아버지의
조건 없는 사랑

행복한 인생을 원한다면, 무엇보다 먼저 하나님의 무조건적인
사랑을 깨닫고 받아들여 그 사랑 안에서 살아가야 합니다. 사랑
을 받지 못하는 것도, 사랑받지 못한다고 느끼는 것도 비극입니
다. 하지만 가장 큰 비극은, 사랑을 넘치도록 받고 있으면서도
그것을 깨닫지 못한 채 억울해하고 슬퍼하며 살아가는 것입니
다. 사도 요한은 우리가 믿든 안 믿든, 하나님이 하나밖에 없는
아들을 죽이실 만큼 우리 인생을 사랑하셨다고 증언합니다.

> "하나님의 사랑이 우리에게 이렇게 나타난바 되었으니 하나님이 자
> 기의 독생자를 세상에 보내심은 저로 말미암아 우리를 살리려 하심
> 이니라"(요일 4:9, 개역한글).

하늘과 땅을 지으신 창조주 하나님께 가장 소중한 것이 무엇
이겠습니까? 하늘도, 땅도, 땅속에 묻힌 무한정의 다이아몬드
도 아닙니다. 이 광대무변한 우주 공간도 아닙니다. 하나밖에
없는 독생자 예수 그리스도입니다. 그런데 놀랍게도, 그토록
소중하고 귀한 외아들 예수를 우리를 살리려고 '제물'로 보내
신 것입니다.

"자기 아들을 아끼지 아니하시고 우리 모든 사람을 위하여 내어주신

이가 어찌 그 아들과 함께 모든 것을 우리에게 은사로 주지 아니하시

겠느뇨"(롬 8:32, 개역한글).

아니, 뭐라고요? 자기 아들을 아끼지 아니하셨다니요? 하나님
이 자신의 하나밖에 없는 아들을 아끼지 않으시고, 우리를 살
리기 위해 죽이셨다고요? 세상에 어느 아버지가 남을 살리기
위해 제 자식을 아끼지 않고 죽인단 말입니까?
그런데 하늘 아버지는 죄인 된 우리를 살리려고, 당신의 아들
을 화목 제물로 십자가에 높이 달아 죽이기 위해 보내신 것입
니다. 여기서 한 가지 더 놀라운 사실이 있습니다. 하나님은 그
런 엄청난 사랑을 언제 우리에게 보이셨습니까?

"우리가 아직 죄인 되었을 때에 그리스도께서 우리를 위하여 죽으심

으로 하나님께서 우리에게 대한 자기의 사랑을 확증하셨느니라"(롬

5:8, 개역한글).

내가 아직 하나님을 알지도 못한 때에, 하나님의 말씀에는 관
심도 없이 제멋대로 세상에서 놀고먹던 시절에, 나 같은 죄인
을 살리겠다고 자신의 하나밖에 없는 아들 예수를 아끼지 않
고 내주셨다니, 이 말이 믿어집니까? 도저히 믿어지지 않습니

다. 도저히 이해되지 않습니다. 그래서 그저 감사할 뿐입니다. 우리가 믿든 못 믿든, 우리는 상상도 못할 엄청난 사랑을 하나님 께로부터 받았습니다. 그리고 그 사랑은 무조건적입니다.

월간《좋은 생각》에 "아버지의 사랑을 믿으십니까?"라는 글이 실린 것을 읽었습니다.

첫아이가 백혈병 진단을 받던 순간부터 나는 삶의 의미를 상실했다. 그리고 남편의 통곡 소리와 함께 아이가 세상을 떠나던 날, 나는 괴성을 지르며 몸부림치다 입술이 터지고 온몸에 피멍이 들었다. 그때 내겐 "이대로 한 줌 재가 되어 아들 곁에 뿌려지리라" 하는 생각뿐이었다.

그렇게 하룻밤을 보내고 새벽 즈음, 언제 오셨는지 아버지 께서 내 앞에 서 계셨고, 누워 있는 나를 일으키셨다. 그리 고 나는 아버지의 손에 이끌려 이슬이 채 걷히기도 전에 친 정집에 도착했다. 아버지는 나를 방에 들게 하고 잠시 나가 시더니, 약사발을 들고 들어오셨다.

"보약이다. 니 오믄 멕일라구 밤새 다려 논거. 어여 마셔라."

죽은 자식을 가슴에 묻고 어찌 보약을 먹으라는지, 아버지 가 야속했다. 나는 앞뒤 생각도 않고 약사발을 거세게 밀쳐 냈다. 약사발이 방바닥에 나뒹굴었다. 아버지는 버럭 역정을 내셨다.

"왜 이러는 거여! 너도 니 아들 따라 죽을겨? 너한티 그놈
이 가슴 애리고 기맥힌 자식이믄 이 애비한티는 니가 그런
자식이란 말여. 이 애비 맘을 그렇게도 모르겄는겨?"
아버지의 목소리는 젖어 들고 있었다. 아! 자식이 짊어진
고통의 무게만큼 당신도 함께 그 고통을 겪고 계셨구나. 나
는 아버지 앞에서 오래도록 목 놓아 울었다.

그날부터 나는 얼마간 잠만 잤는데, 잠결에도 군불 지피는
아버지의 손길을 느낄 수 있었다. 또 아버지는 몸도 가누지
못하는 나를 일으켜 벽에 기대 앉혀 놓고, 때마다 정성껏
달인 보약과 밥을 먹이셨다. 내 입에 밥술을 떠 넣으실 적
마다 주문이라도 외듯 똑같은 말씀을 중얼거리셨다.

"너무 애달파 말그라. 시상엔 사람 힘으로 어쩔 수 없는 게
있는겨. 그간 자식 살리겠다고 월매나 애간장이 탔겄냐. 얼
렁 세월이 흘러야 니 맘이 편해질 것인디… 얼렁얼렁….“
아버지는 그렇게 슬픔 속으로만 빠져드는 나를 붙들어 따뜻
이 보듬으셨다. 늘 변함없는 자상함으로 자식들의 울타리가
돼 주시고, 지친 우리의 편안한 쉼터가 돼 주셨던 아버지.

"당신은 저의 영원한 고향이십니다."

아버지의 사랑을 믿습니까? 어머니의 사랑을 믿습니까? 부모

가 돌아가시면 산에 묻지만, 자식이 죽으면 가슴에 묻는다는 말이 있습니다. 그런 내리사랑은, 가슴이 콱 막히도록 벅찬 부모님의 사랑은 어디에서 온 것입니까?

김준곤 목사님이 당신 아버지의 죽음을 간증할 때마다 외우시던 성경 구절이 있습니다.

> "귀를 지으신 이가 듣지 아니하시랴 눈을 만드신 이가 보지 아니하시랴"(시 94:9, 개역개정).

그리고는 늘 이 말을 보태셨습니다.

> "아버지의 이 끔찍한 사랑을 만드신 그 하늘 아버지가 그 사랑으로 우리를 사랑하지 않으시랴?"

유명한 신학자 칼 바르트(Karl Barth)가 시카고 대학에서 강연을 할 때 한 학생이 물었다지요.

> "당신은 많은 책을 쓰시고 많은 연구를 한평생 하시고 또 가르치셨습니다. 그동안 연구하고 배운 것 중에 가장 심오한 진리는 무엇이라고 생각하십니까?"

그때 노신학자는 찬송가 한 곡을 읊조렸다고 합니다.

"예수 사랑하심은 거룩한 말일세."

그야말로 당신은 사랑받기 위해 태어났습니다. 당신을 지금도 끔찍이 사랑하시는 분이 계시다는 사실을 잊지 마십시오. 삶이 힘들고 어려워도, 너무 외로워하지 마십시오. 당신은 이미 풍성한 사랑을 받은 사람이라는 사실을 잊지 마십시오. 조건 없이 나를 사랑하시는 하나님의 그 사랑을 믿을 수만 있다면, 어떤 환경 속에서도 능히 이겨 낼 수 있을 것입니다.

가장 행복한 사람은, 사 랑 하 는 사 람

사랑은 무조건적입니다. 하나님이 우리가 죄인 되었을 때 사랑하신 것처럼, 우리 또한 다른 이들을 사랑할 때 조건 없이 사랑해야 합니다. 부모가 조건 없이 사랑할 때, 비로소 그 사랑이 숭고해 보입니다. 부모가 자식의 효도를 바라는 순간 벌써 그 사랑은 변질되고, 치사해집니다.

어미 새가 새끼들을 기르는 것을 본 적이 있습니까? 벌레를 잡아먹은 어미 새가 새끼에게 날아가서 입속에 있던 것들을 토해내어 먹입니다. 그렇게 정성스럽게 새끼를 키운 어미 새는 새끼에게 아무런 보답을 바라지 않습니다. 새끼 새가 다 커서 후루루 날아가면, 그것으로 끝입니다. 그놈을 붙잡고 "왜 효도 안 해?" 하는 새를 봤습니까? 그런데 하나님의 형상대로 지음을 받았다는 우리는 왜 자녀들에게 보답을 바랍니까? 왜 효도를 기대합니까?

참된 사랑은 그냥 주고, 또 주는 것입니다. 조건 없이 베푸는 것입니다. 우리의 부모님들이 아무런 대가나 보상을 바라지 않고 우리를 키워 주신 것처럼 말입니다. 우리가 우리의 자녀들을 조건 없이 사랑할 때, 우리의 자녀들 또한 우리가 아니라 자신의 자녀들을 조건 없이 사랑하게 됩니다. 사랑은 철저히 주고, 또 주는 것입니다. 받을 것을 계산하지 않는 것입니다.

왜 남편에게 무언가를 바라고 사랑합니까? 왜 아내에게 무언가를 기대하며 사랑합니까? 뭔가 보답을 바라고 사랑을 베푸는 것은 사랑이 아니라, 투자입니다. 투자하지 마십시오. 온전히 사랑하십시오.

칼 바르트는 말했습니다.

> "하나님은 사랑의 대상을 찾아 헤매는 것이 아니라, 창조해 내신다."

하나님의 사랑은 대상을 찾는 것이 아니라, 대상을 창조합니다. 그런데 우리는 내 사랑을 받기에 자격이 있는 대상을 찾아다닙니다. 하지만 참된 사랑은 하나님이 곁에 두신 모든 사람을 섬기는 것입니다.

모 백화점 회장님이 이런 고백을 했습니다.

"사업을 하다 믿었던 사람에게 배신을 당한 적이 있습니다. 그런 시련을 통해 배운 교훈은 사람은 믿을 대상이 아니라, 사랑할 대상이라는 것입니다. 저는 오직 하나님만 믿고, 주위에 있는 사람들을 있는 그대로 사랑하기로 했습니다."

사람은 의지할 대상, 믿을 대상이 아니라 사랑해야 할 대상입니다. 믿을 수 있는 분은 오직 하나님뿐입니다.

한 마을에 아들이 태어났을 때, 한 요정이 나타나 산모에게 말했습니다.

"아이를 위해 한 가지 소원을 말하면, 들어주겠소."

어머니는 빌었습니다.

"이 아이가 자라면서 누구에게든지 사랑받는 아이가 되게 해주십시오."

아이는 그 소원대로 자라면서 모든 사람에게 사랑을 받았습니다. 하지만 사랑을 받기만 하며 자란 이 아이는 어른이 되어서도 사랑을 받으려고만 하고, 사랑할 줄 몰랐습니다. 그랬기에 삶이 행복하지 못했습니다.

중년이 되어 피폐한 삶을 살아가던 어느 날, 요정이 나타나 다시 소원을 물었습니다.

"소원이 무엇이오?"

"사랑할 줄 아는 사람이 되게 해 주십시오."

헤르만 헤세(Hermann Hesse)의 단편 중에 나오는 이야기입니다. 누가 행복한 사람입니까? 사랑할 줄 아는 사람이 되어야 합니다. 권력은 못 잡아도, 많은 재물은 갖지 못해도, 유명한 인물은 되지는 못해도, 인기는 얻지 못해도, 내 평생 사랑하는 일에서만큼은 절대로 실패하지 않으리라 결단하고 노력해야 합니다.

유치환의 시 몇 구절이 생각납니다.

사랑하는 것은
사랑받느니보다 행복하나니라.
…
그리운 이여 그러면 안녕!
설령 이것이 이 세상 마지막 인사가 될지라도
사랑하였으므로 나는 진정 행복하였네라.

십자가를 바라보며,
사 랑 을   연 습 하 라

십자가는 날마다, 순간마다 바라보며 배워야 할 사랑의 교과서입니다. 십자가는 사랑의 원천입니다. 십자가의 사랑을 경험한 사람은 누구든지 사랑할 수 있습니다. 우리 그리스도인들은 예수님이 십자가에서 보여 주신 사랑을 묵상하면서 날마다 연습해야 합니다.

서도(書道)를 처음 배울 때는 붓을 잡는 것도 서툴고, 가로 세로 획을 똑바로 긋는 것도 힘듭니다. 하지만 하고 또 하다 보면 멋지게 글씨를 쓰게 되고, 잘하면 국전에도 당선됩니다. 아이가 숟가락질을 처음 할 때는 밥을 퍼서 입에 넣기보다는 엉뚱한 곳에 퍼 버리기 일쑤입니다. 하지만 자꾸 하다 보면, 어느새 밥 먹으면서 TV도 보고 대화도 나눕니다.

내 본성을 죽이고 '아가페 사랑'을 한다는 것은, 처음에는 결코 쉽지 않습니다. 하지만 날마다 십자가를 바라보며 사랑을 연습하고 훈련하면, 우리도 언젠가는 손양원 목사님처럼 친아들을 죽인 이를 양자 삼을 수 있습니다. 스데반 집사님처럼 자신에게 돌을 던지는 자들을 위해 기도할 수 있습니다. 마침내 주 예수님을 닮아 원수까지도 사랑하는, 온전한 사랑의 달인이 될 날이 오리라 믿습니다.

사랑이 있는 곳에,
하 나 님 이   계 신 다

예수님은 우리가 혼자서는 감당할 수 없는 일을 돕도록 보혜
사 성령님을 보내셨습니다. 성령님은 매 순간 우리 곁에 계셔
서 우리의 연약함을 도우십니다. 우리의 아둔한 머리를 깨우쳐
서 주님의 법의 기이함을 보게 하십니다. 우리의 둔한 입술을
열어서 온전한 기도를 하게 하십니다. 우리의 강퍅한 마음을
녹여서 순전한 마음으로 회개하고 사랑하게 하십니다.
하지만 성령님의 도우심이 가장 필요한 곳은 큐티도, 기도도,
회개도, 섬김도 아닙니다. 바로 우리 육신의 본성을 뛰어넘어,
남을 조건 없이 사랑하는 일입니다. 성령님은 우리의 능력이
십니다. 나의 사랑이 부족함을 깨달을 때마다 도와주시는 가장
큰 도움입니다.

중세 때 어떤 사람이 하나님의 사랑을 경험하고 너무 감격해
서, 평생 그 사랑의 그늘 아래에서 살고자 수도원을 찾았습니
다. 그런데 귀족만 들어가는 수도원에 서민의 신분으로는 들어
갈 수 없었습니다. 지식도 부족하고 몸에도 장애가 있어서 온
전한 수도사가 될 수 없었습니다. 그래서 그는 수도원 주방에
서 요리하는 요리사가 되었습니다.

그는 그것만으로도 너무 감사해서, 요리할 때마다 주님께 기도 했습니다.

소금을 뿌리면서, "주님, 저를 이 소금 같은 사람으로 만들어 주셔서 주님을 영화롭게 하옵소서."

음식의 간을 보면서, "주님, 저를 그리스도의 맛을 내는 사람이 되게 하셔서 주님께 영광 돌리게 하옵소서."

청소할 때도, "주님, 제 마음을 이렇게 청결하게 해 주셔서 주님께 영광 돌리게 하옵소서."

그렇게 생활 전체가 기도였습니다. 그는 온 정성과 사랑으로 모든 수도사들을 섬겼습니다.

시간이 흐를수록 정식 수도사들의 얼굴이 점점 어두워졌습니다. 그런데 놀랍게도 이 사람의 얼굴은 천사와 같이 밝게 빛나, 항상 웃음과 미소가 가득했습니다.

어느 순간부터 수도사들은 식당에 와서 이 요리사와 만나면서 은혜를 받았습니다. 결국 이후에는 모든 수도사들이 그를 수도원 원장으로 추대하게 됩니다.

이는《하나님의 임재 연습(*The Practice of the Presence of God*)》(두란노, 2005)이라는 작지만 감동적인 책을 쓴 중세의 성자, 로렌스 형제(Brother Lawrence)의 이야기입니다. 성자 로렌스는 어떻게 하나님의 임재를 경험했습니까? 신령한 은사를 받은 것도 아니고,

엄청난 계시를 한 것도 아니고, 특별한 영적 경험을 받은 것도 아니었습니다. 그저 보통의 일상 속에서 사랑을 실천할 때, 하나님을 경험한 것입니다.

우리는 하나님 사랑을 어떻게 세상에 드러낼 수 있습니까? 위대한 일을 하거나 대단한 업적을 남겨야 하는 것이 아닙니다. 일상의 삶 속에서 하나님의 사랑을 묵상하며, 형제들을 사랑하려고 노력할 때, 사랑 가운데 계신 하나님을 만날 것입니다. 그런 사랑에는 결코 실패가 없습니다.

"Love never fails."

사랑의 나눔이 있는 곳에 하나님이 계시도다.
사랑의 주님, 오늘도 우리와 함께 계셔서 감사합니다.

8

어떤 자세로 살아갈 것인가?

망령되고 허탄한 신화를 버리고 경건에 이르도록 네 자신을 연단하라 육체의 연단은 약간의 유익이 있으나 경건은 범사에 유익하니 금생과 내생에 약속이 있느니라(딤전 4:7~8, 개역개정).

삶의 자세가
중 요 하 다

10여 년 전, 주일 아침에 설교를 하던 중 호흡 곤란으로 심히 고통스러웠습니다. 예배를 겨우 마치고 방에 돌아왔습니다. 모 대학병원의 가정의학 과장이었던 집사님이 진단하더니 충고를 했습니다.

"원인은 세 가지라 생각됩니다. 비만, 운동 부족, 과로. 만일 이 세 가지를 바꾸지 않으신다면, 1년 안에 건강이 급격히 무너질 것입니다."

며칠 뒤 저는 교인이 운영하는 '검도장'을 찾았습니다. 그렇게 시작한 검도 수련을 통해서, 10년 전보다 나이는 열 살을 더 먹었음에도 불구하고, 오히려 더 건강한 삶을 살게 되었습니다. 유학 시절에 배운 '영성 훈련'의 이론적인 부분들이, 전혀 관계가 없는 것 같은 검도 수련과 많은 부분에서 유사하여, 상호 간에 도움을 받았습니다. '영성 훈련'은 아무래도 추상적인 부분이 많은데, '검도 수련'이 그 추상적인 부분을 구체화해서, 실천적인 과정을 명료하게 배우는 데 도움이 되었습니다.

검도 수련을 통해 깨달은 몇 가지가 있습니다. 우선 두 가지를 깨달았습니다. 첫째, 몸과 영은 별개가 아니라는 사실입니다. 가끔 육체의 건강과 영성적 건강을 따로 생각하는 경향이 있습니다. 건강한 몸과 아름다운 신체는 어딘가 세속적이고, 바짝 마른 체구만이 영성적일 것 같습니다. 하지만 지난 경험을 돌아보면 내 몸이 약할 때는, 기도도 제대로 못했습니다. 내 건강을 제대로 추스르지 못할 때는, 남들의 영혼을 돌보는 데 소홀했습니다. 내 몸이 약할 때는, 하다못해 지하철에서 좌석을 양보하기조차 힘들었습니다. 하지만 건강을 회복하여 에너지가 넘칠 때는, 남을 향한 배려뿐 아니라 주님을 향한 헌신과 열정 또한 뜨겁게 살아나기 시작했습니다.

한마디로 '영성'은 '육의 건강'과 따로 존재하는 것이 아닙니다. 영성가인 게리 토머스(Gary Thomas)는 《내 몸 사용 안내서(*Every body matters*)》(CUP, 2013)에서 이 점을 잘 설명했습니다. 하나님은 영과 육을 따로 짓지 않으셨습니다. 그래서 요한은 이렇게 기도했습니다.

"사랑하는 자여 네 영혼이 잘됨같이 네가 범사에 잘되고 강건하기를 내가 간구하노라"(요삼 1:2, 개역한글).

둘째, 자세(품, 모양)가 중요하다는 것입니다. 검도장에서 가장 먼저 눈에 띄는 것은 '벽거울'입니다. 벽거울에 비친 자신의 자세를 늘 확인하며 고쳐야 하기 때문에 벽거울은 검도장에서는 없어서는 안 될 필수품입니다.

거의 모든 무술과 스포츠가 그러하듯, 검도 또한 자세를 중요시합니다. 자세가 나쁘면 실력도 제대로 늘지 않고, 올바른 검도를 할 수도 없습니다. 사범님의 자세와 거울에 비친 나의 자세를 끊임없이 비교하면서 자세를 고쳐 가는 '검도 수련'의 방법론은 '영성 수련'과 크게 다르지 않습니다. 영원한 모범이신 예수님과 나를 계속 비교하면서 그분을 닮아 가려고 노력하는 것이 신앙생활의 궁극적인 목표요, 영성 수련이기 때문입니다. 거울을 보면서 사범님과 나의 자세를 계속 비교하며 나의 단점을 고쳐 가는 검도, 마음을 열고 예수님의 모습과 나의 모습을 계속 비교하며 나를 성찰하는 영성 수련. 모두가 '자세', 즉 '폼', '꼴', '모양'을 중시하는 수련입니다.

오래전에 〈카핑 베토벤(Coping Beethoven)〉이란 감동적인 영화를 봤습니다. 신앙생활이란 한마디로 '카핑 예수(Coping Jesus)'라고 생각합니다.

"우리가 다 하나님의 아들을 믿는 것과 아는 일에 하나가 되어 온전한 사람을 이루어 그리스도의 장성한 분량이 충만한 데까지 이르리니"(엡 4:13, 개역한글).

고등학교 때 빨간 양말에 하얀 운동화를 신고, 교복 바지를 짤막하게 잘라 입고 다니던 친구들이 있었습니다. 그 친구들이 외치던 구호가 있습니다.

"폼생폼사."

즉, 폼에 살고 폼에 죽는다는 말입니다. 요즘 생각해 보니, 그 친구들의 말이 옳다는 생각이 듭니다. '폼(자세)'이 죽으면 '모든 것(몸, 영, 인격, 신앙, 직장 생활, 인생)'이 죽습니다. '폼'이 살면 '모든 것'이 삽니다.

삶의 모양을 어떻게 만들 것 인 가

제자(disciple)란 말은 훈련, 연단을 뜻하는 'discipline'에서 왔습니다. 예수님의 제자가 된다는 것은 예수님의 훈련생이 된다는 말입니다. 제자란 건들건들하며, 시간 나는 대로 따라가는 존재가 아니라는 말입니다.

"망령되고 허탄한 신화를 버리고 경건에 이르도록 네 자신을 연단하라 육체의 연단은 약간의 유익이 있으나 경건은 범사에 유익하니 금생과 내생에 약속이 있느니라"(딤전 4:7~8, 개역개정).

여기서 '연단하라'는 말은 헬라어로 'Gumaze'라고 하는데, 'Gymnasium(체육관)'이란 말이 여기서 나왔습니다. '연단'은 4년에 1번 열리는 올림픽에서 금메달을 따기 위한, 태릉선수촌 선수들의 고된 '훈련'과 같은 것입니다.
젊은 시절, 신병훈련소에서 본 세움 간판에는 이런 글이 적혀 있었습니다.

"훈련소에서 땀을 적게 흘리는 사람은 전쟁터에서 피를 많이 흘린다."

어디든지 요령을 피우는 사람들이 많습니다. 적당히 시간만 때우는 사람, 땀 흘리기를 싫어하는 사람은 후회할 날이 올 것입니다. 대충, 적당히 하는 것은, 미래를 담보로 잡고 오늘을 낭비하는 어리석은 일입니다.
농구 선수가 골을 넣을 줄 몰라서 하루에도 수천 번씩 골대에 골을 넣는 훈련을 하는 것이 아닙니다. 이승엽, 타이거 우즈, 장한나의 공통점이 무엇인지 아십니까? '연습 벌레'라는 것입니다.

어떤 음악가가 이런 말을 했습니다.

> "연습을 하루 쉬면 내가 알고, 이틀 쉬면 가까운 주변 사람
> 들이 알고, 사흘 쉬면 모두가 다 안다."

워치만 니(Watchman Nee)의 《정상적인 그리스도의 사역자(The
Normal Christian Worker)》(생명의말씀사, 2000)에 이런 이야기가 나옵
니다.

예수님은 겟세마네 동산에 기도하러 올라가실 때, 제자들에게
간곡히 부탁하셨습니다.

"너희는 여기 머물러 나와 함께 깨어 있어 기도하라."

그러나 주님이 한참을 기도하시다가 돌아와 보니, 제자들이 다
곯아떨어졌습니다. 예수님은 그들을 깨워 또다시 당부하십니다.

"일어나라. 시험에 들지 않게 깨어 기도하라."

그리고 다시 땀방울이 핏방울이 되기까지 진을 빼는 기도를
하십니다.

"아버지여, 할 수만 있으면 이 잔을 내게서 옮기시옵소서. 그러
나 내 뜻대로 마옵시고, 아버지의 뜻대로 하옵소서."

그렇게 얼마를 기도하시다가 다시 와 보니, 제자들이 또다시
세상 모르고 자고 있었습니다. 그때 예수님은 말씀하십니다.

"너희가 잠시 동안도 깨어 있을 수 없더냐? 마음에는 원이로

되, 육신이 약하도다."

워치만 니는 이렇게 결론을 맺습니다.

> "그렇다. 우리는 마음만 원해서는 안 된다. 몸도 함께 원해
> 야 한다. 아무리 기도하기를 원해도, 기도할 수 없는 몸을
> 가진 사람은 시험에 들 수밖에 없다. 주께서 깨어 있으라
> 하실 때, 언제든 깨어 있을 수 없는 사람은 그분의 제자가
> 될 수 없다."

마음만 원해서는 참된 신앙생활을 할 수 없습니다. 마음을 뒷
받침할 수 있는 훈련된 몸도 있어야 합니다. 주님이 깨어 있기
를 원하실 때, 밤새라도 깨어 있을 수 있는 훈련된 몸이 필요합
니다. 주님이 금식하라고 하실 때, 며칠이라도 금식할 수 있는
몸으로 훈련해야 합니다.

그렇습니다. 훈련이 필요합니다. 기도하는 훈련, 사랑하는 훈
련이 필요합니다. 혀를 잘 다스리는 훈련, 순종하는 훈련, 섬기
는 훈련, 재물을 지혜롭게 쓰는 훈련, 하나님의 섭리 앞에서 순
종하는 훈련이 필요합니다.

군인이 훈련을 제대로 안 받으면 엉터리 병사가 됩니다. 구보
를 할 때 4km도 못 뛰고 포기하고, 총을 쏘아도 표적을 못 맞
춘다면 나라와 민족을 지키기는커녕 오히려 엉뚱한 사람만 죽

이게 될 것입니다.

경건 훈련이 제대로 되지 않은 성도는 교회를 온전케 하기보다는 오히려 교회 공동체를 무너뜨리게 됩니다. 그래서 훈련이 필요합니다.

뭔가 모양을 만드는 것을 영어로 'shaping'이라고 합니다. 하나님이 선물로 주신, 한 번밖에 못 사는 삶입니다. 하나님이 주신 사명을 온전히 성취하기 위해, 삶의 모양을 잘 만들기(shaping life) 위한 5개의 목표를 정해 보았습니다.

1. 몸을 잘 만들고(Shape your body)

2. 생각의 틀을 제대로 짜고(Shape your mind)

3. 마음을 추스리며(Shape your heart)

4. 영을 살려서(Shape your spirit)

5. 사명을 옳게 완수하게 한다(Shape your job).

이렇게 해서 '모양 좋은 인생', '건강한 삶', '사명을 이루는 삶'을 살아가기를 원합니다. 그래서 시간 있을 때마다 나 자신에게 외쳐 보곤 합니다.

"Shape your life(허물어지지 말자)!"

자세가 무너지면 몸이 망가집니다. 생각이 흐트러지면 바른 생각을 못하게 됩니다. 마음이 무너지면 인생이 무너지며, 영이 줄면 시험에 듭니다. 사명을 잊으면 성공해도 실패한 인생입니다.

건강한 몸을
만 들 라

영성가 게리 토머스는 영성 분야에서 탁월한 책을 많이 썼습니다. 그는 영성 수련과 건강을 위한 노력이 얼마나 밀접하게 연관되었는지를 가장 설득력 있게 설명한 작가라고 생각합니다. 그는 "건강한 영성은 건강한 몸에 깃든다"라고 강조하면서, 자신이 건강해지려고 열심히 운동하는 이유를 분명하게 밝혔습니다.

"내가 신체적으로 건강해지려는 이유는 누구의 호감을 사거나, 남을 열등감에 빠뜨리거나, 내 훈련과 자제력을 과시하기 위해서가 아니다. 내가 하나님의 교회가 건강해지기를 간절히 바라는 이유도 마찬가지다. 오히려 그 이유는 바울의 말처럼 '귀히 쓰는 그릇이 되어 거룩하고, 주인의 쓰심에 합당하며, 모든 선한 일에 준비함이 되기'(딤후 2:21) 위해서다."

그는 성공회 작가인 윌리엄 로(William Rowe)의 글도 인용해서 강조했습니다.

"우리는 영이나 육의 어느 하나로만 된 존재가 아니다. 우리의 행동도 영이나 육에서만 비롯되는 것은 하나도 없다. 우리의 습관 또한 영과 육, 둘 다에서 생겨나지 않은 것은 하나도 없다. 그러므로 하나님을 기뻐하는 습관이나 경건의 습관을 기르려면, 영을 구사하고 묵상하는 것만으로는 안 된다. 반드시 몸도 구사하고 길들여야 한다. 내면의 성향 못지않게 외부의 모든 활동에도 익숙해져야 한다."

그의 결정적인 조언이 있습니다.

"운동으로 건강을 유지하려면 많은 노력과 고통까지도 요구된다. 반대로 건강이 좋지 않아도 그 나름의 고통과 수고가 따른다. 이 타락한 세상에서는 누구나 다치게 마련이다. 어차피 다칠 거라면, 나는 몸이 건강하지 못해서 다치고 욱신거리기보다는, 차라리 운동하느라 다치고 욱신거리는 편을 선택하겠다."

몇 년 전, 장로회신학대학 사경회에서 "영성은 체력"이라고 강조했습니다. 그때 마침 격려차 오셨던 총장님이 사석에서 이렇게 말씀하셨습니다.

"이성희 목사가 인도하는 다른 과 학생들의 사경회에 참석하고 방금 오는 길인데, 거기에서 이성희 목사가 똑같은 말씀을 하고 있더라고. 혹시 두 사람이 짠 것 아닌가?"

선배 이성희 목사는 평생을 테니스로 단련하여 아직도 젊은 목사들과 두세 시간을 너끈히 게임을 할 정도입니다. 게다가 교회의 미래에 대한 전망과 영성 분야에 대해 깊이 공부하는 분이니, 그럴 만도 하다고 생각했습니다.

나는 성도들에게 늘 말합니다.

"운동한다고 오래 사는 것은 아닙니다. 운동과 장수와는 상관이 없습니다. 다만 하나님이 부르시는 그 순간까지는 남에게 짐이 되고 싶지 않습니다. 오히려 마지막 순간까지 주님이 맡겨 주신 일을 온전히 감당하고 싶어서 운동하고 있습니다."

"서면 앉고 싶고, 앉으면 눕고 싶고, 누우면 자고 싶다"는 말이 있습니다. 그것이 인간의 본성이라는 것입니다. 그런 본성을 조절하지 않고 본성이 시키는 대로 산다면, 우리의 몸도 마음도 삶도 다 망가지고 말 것입니다. 먹고 싶은 대로 마구 먹고, 놀고 싶은 대로 놀고, 성질나는 대로 상사에게 들이받고, 가끔은 남들에게 삐딱하게 대들기도 하고, 하기 싫은 것은 절대로 하지 않고, 오직 내가 하고 싶은 것만 한다면, 형편없는 인생이 되고 말 것입니다. 먹고 싶은 것을 마구 먹어 대면, 뚱보가 됩니다. 내가 하고 싶은 대로만 살았다가는 인생이 쑥대밭이 되고 말 것입니다.

본능대로 살 것이 아니라, 절제해야 합니다. 하나님이 선물로 주신, 삶의 가장 기본적인 토대인 몸을 잘 관리하고 가꿔야 합니다. 그러기 위해 자세를 곧게 하고, 꾸준히 운동하며, 규칙적인 생활을 하려고 노력해야 합니다.

바버라 스트로치(Barbara Strauch)는, 운동은 두뇌를 활성화시키는 가장 중요한 요소라고 말했습니다. 그녀는 《가장 뛰어난 중년의 뇌(Secret life of the grown up brain)》(해나무, 2011)에서 "계속 움직여서 기지를 지켜라"는 제목으로, 운동이 뇌를 단련시킨다는 여러 가지 증거와 자료를 제시했습니다.

"현재까지 밝혀진 것 중 가장 전망 있는 답은 운동이다. …
우리가 가진 것들 가운데 뇌를 위한 요술봉에 가장 가까운
것은 운동이다."

한 번밖에 못 사는 인생에서 가장 큰 자산인 몸을 나의 게으름과 무절제함으로 망가뜨리지 말아야 합니다. 하나님은 최고의 몸을 내게 주셨는데, 온갖 핑계로 몸을 망가뜨려 놓고 하나님

께 핑계 대지 말아야 합니다. 건강을 달라고 기도하는 만큼, 건
강을 위해서 땀방울을 흘려야 합니다.

건강한 생각의
틀 을   짜 라

건강한 몸은 반듯한 인생을 살아가기 위한 기본적인 자산일
뿐, 전부는 아닙니다. 몸은 건강한데 생각이 건강하지 못하고
삐뚤어져 있다면, 그것처럼 불행한 일도 없을 것입니다. 몸은
튼튼한데 생각이 모자라서, 수틀리면 주먹질이나 하는 사람이
되기보다는, 차라리 몸이 허약하더라도 지혜로운 사람이 되는
편이 나을 것입니다.
몸의 건강을 위해 노력하는 것만큼이나 생각이 건강하도록 노
력해야 합니다. 생각도 습관에 따라서 많이 달라질 수 있기 때
문입니다.
한때 나는 '정보'가 사람의 생각을 바꿀 수 있다고 생각했습니
다. '새로운 정보'가 없어서 '새로운 생각'을 하지 못한다고 생
각했습니다. 그래서 교회의 영적 지도자들을 세우기 위해서
'책 읽기'를 권장했습니다. 책을 읽은 다음에는 독후감 발표회
도 했습니다. 그러다가 한 가지 사실을 발견했습니다.

생각의 틀이 비뚤어진 사람은, 언제나 비뚤어진 결론을 내린다
는 것입니다.

똑같은 책을 읽고도 긍정적인 사람은 언제나 긍정적인 결론을
내리고, 부정적인 사고방식을 가진 사람은 언제나 부정적인 결
론을 내립니다. 이런 모습을 보면서, 사고방식(사고의 틀)이 바
뀌기 전까지는 새로운 정보를 아무리 많이 주어도 소용없다는
사실을 발견했습니다.

릭 워렌의 《목적이 이끄는 교회(*The purpose driven church*)》(디모데,
2008), 《목적이 이끄는 삶(*The purpose driven life*)》(디모데, 2003)을 읽
고도 여전히 '자기중심적인 삶'의 태도를 깨닫지 못하고, 고치지
도 않는다면, 어떻게 사고의 틀을 바꿀 수 있겠습니까?

많이 읽는 것보다 먼저 생각의 틀을 바꾸는 것이 중요합니다.
자신의 생각을 고집하는 습관을 버리고, 남의 생각을 이해하려
고 노력하는 열린 사고를 훈련해야 합니다. 수직적, 논리적 사
고와 수평적, 창조적 사고의 균형을 잡도록 노력해야 합니다.
앨빈 토플러(Alvin Toffler)는 말했습니다.

> "21세기의 문맹인은 글을 읽지 못하는 사람이 아니라, 새
> 로운 생각을 받아들일 줄 모르는 사람이다."

간장 종지에는 간장밖에 담지 못하지만, 대형 고무대야로는 이

불 빨래도 하고 김장도 하고, 심지어는 아이 목욕통으로도 사용합니다. 사고의 틀이 넓은 사람만이 세상과 우주를 품고 미래를 향해 나아갈 수 있습니다.

열린 사고를 해야 합니다. 자기 생각에 매여서 남의 생각을 들으려고도 하지 않는 닫힌 사고방식으로는, 결코 새로운 세상으로 모험의 길을 떠날 수 없습니다. 다른 이의 생각을 받아들일 줄 아는 사람만이 생각의 연이 넓어질 것입니다.

또한 사고의 틀을 잘 짜기 위해서는 수직적 사고(논리적)와 수평적 사고(창조적)의 균형(통합)을 잡도록 노력해야 합니다. 정신과 의사 김상목의 책 ≪배짱 기질에서 뇌짱 기질로≫(하남출판사, 1992)에서는 이렇게 주장합니다.

"한국인의 의식 구조가 스트레스 의식 구조에서 탈피하기
위해서는 배짱 기질에서 뇌짱 기질로 바뀌어야 한다."

지나치게 감성(배)에 치우쳤던 우리의 습관을 이제는 이성(머리)으로 그 무게 중심을 이동해서, 균형을 맞춰야 한다는 말입니다.

마음을 잘
추 스 르 라

비행기 조종실은 비행기의 전체 크기에 비해서 아주 작은 방
이지만, 비행기의 방향을 결정하는 중요한 장소입니다. 그 조
종실을 누가 통제하느냐에 따라서 비행기의 진로가 달라집니
다. 그래서 테러리스트가 그곳을 점령하면, LA로 갈 비행기가
뉴욕 쌍둥이 빌딩을 들이받기도 하는 것입니다.
우리의 마음은 마치 비행기 조종실 같습니다. 그 마음을 무엇
이 통제하는가에 따라 생각과 몸, 아니, 인생 전체의 방향이 달
라집니다.

> "무릇 지킬 만한 것보다 더욱 네 마음을 지키라 생명의 근원이 이에서
> 남이니라"(잠 4:23, 개역한글).

예수님이 일곱 귀신 들린 자의 비유에서 말씀하신 것이 바로 이
'마음의 중요성'입니다. 더러운 귀신이 어떤 사람의 마음에서
나갔다가 다시 돌아왔을 때, 그 마음이 청소되고 수리되었지만,
주인이 없었습니다. 그래서 더 악한 일곱 귀신을 데리고 들어왔
고, 결국 그 사람의 형편은 전보다 더 심하게 되었습니다.
어거스틴은 말했습니다.

"어둠이 따로 존재하는 것이 아니다. 빛이 없는 것이 어둠
이다. 악이 따로 존재하는 것이 아니다. 선이 없는 것이 악
이다."

내 마음의 주인이 누구인지가 중요합니다. 마음(heart)은 생각
(mind)의 주인입니다. 그 마음을 누가 통제하느냐에 따라 인생
전체가 달라집니다. 사랑이 내 마음을 점령하면 사랑하게 되
고, 미움이 내 마음을 다스리면 투쟁하게 되고, 죄가 점령하면
죄를 짓게 되고, 귀신이 점령하면 귀신이 시키는 대로 살며, 하
나님이 통치하시면 내 마음은 하나님의 나라가 됩니다. 마음을
지켜야 합니다.

'생각'의 내면에는 '마음'이 있어서, 이 마음이 생각과 몸을 움
직입니다. 부정적인 생각 속에는 부정적인 마음이 숨어 있습니
다. 그래서 부정적인 생각을 고치기보다는 먼저 부정적인 마음
을 치료해야 합니다.

왜 부정적인 마음이 생기는 것일까요? 심리학자, 정신과 의사,
상담가들이 전문적인 연구를 하겠지만, 목사로서 목회 현장에
서 임상학적으로 경험한 바에 의하면 이렇습니다. 가장 큰 요
인은, 아무래도 '비교 의식' 또는 '비교하는 습관'입니다.

'비교'란 물건의 가치를 판단하는 가장 합리적이고 객관적이고
과학적인 방법입니다. 그러나 물건이 아니라 사람의 가치를 판

단하는 방법으로 쓰일 때는, 엄청난 문제를 일으킵니다.

우리는 어머니 배 속에서 나오는 순간부터 비교하고, 비교당하면서 인생을 살아갑니다. 비교함으로 나의 가치를 판단하고, 내 인생의 성공 여부를 따집니다. 미모, 학교 성적, 가진 재산, 들고 다니는 액세서리, 키, 자동차, 학벌, 직업 등 온갖 것을 계속 비교하면서 우리 인생의 우열을 가르고 등수를 매깁니다. 남보다 '조금 낫다'고 생각하면 우월감이 생기고, 지나치면 교만해지고, 후에는 독단에 빠집니다. 남보다 '조금 못하다' 싶으면 열등의식이 생기고, 지나치면 열등감과 패배 의식에 빠지고, 후에는 자괴감을 지나 자살까지도 감행하게 됩니다. 그래서 어떤 이는 '비교 의식'을 사탄의 '가장 간교한 함정'이라고 말했습니다.

비교함으로 자신의 가치를 발견하려는 습관에서 부정적인 자아상이 생깁니다. 그런 부정적인 자아상은 다시 부정적인 사고를 만들어 냅니다. 그런 부정적인 사고방식은 또다시 인생 전체를 부정적인 삶으로 몰아가는 것입니다.

건강하고 긍정적인 자아상을 원한다면, 부정적인 마음을 극복하기를 원한다면, 비교함으로 자신의 가치를 찾으려는 습관을 버려야 합니다. 하나님이 지어 주신 내 모습 그대로를 사랑해야 합니다. 하나님이 내게 맡기신 사명을 이루는 데 꼭 필요한 모든 것을 이미 주셨음을 믿고, 감사하며 살아가야 합니다. 그

럴 때 어떤 조건 속에서도 당당하고 건강한 마음으로 살게 될
것입니다.

라인홀드 니부어(Reinhold Niebuhr)는 이렇게 기도했습니다.

> "하나님이시여, 제가 변화시킬 수 없는 것들을 받아들일 수
> 있는 평온함을 주시고, 제가 변화시킬 수 있는 것을 변화시
> 킬 수 있는 용기를 주시옵소서. 그리고 이들의 차이를 헤아
> 려 알 수 있는 지혜를 주시옵소서."

건강한 영성을
회 복 하 라

태초에 하나님은 인간을 완전하게 지으셨지만, 아담의 타락 후
에 그 완전성은 모든 면에서 망가지고 말았습니다. 바울은 그
렇게 망가진 자신을 돌아보면서, 처절하게 고백합니다.

> "그러므로 내가 한 법을 깨달았노니 곧 선을 행하기 원하는 나에게 악
> 이 함께 있는 것이로다 내 속사람으로는 하나님의 법을 즐거워하되 내
> 지체 속에서 한 다른 법이 내 마음의 법과 싸워 내 지체 속에 있는 죄
> 의 법으로 나를 사로잡는 것을 보는도다 오호라 나는 곤고한 사람이로

다 이 사망의 몸에서 누가 나를 건져 내랴 우리 주 예수 그리스도로 말
미암아 하나님께 감사하리로다 그런즉 내 자신이 마음으로는 하나님
의 법을 육신으로는 죄의 법을 섬기노라"(롬 7:21~25, 개역개정).

'몸(body)' 안에 '생각(mind)'이 있고, '생각' 안에 '마음(heart)'이
있듯이, '마음' 안에는 '영(spirit)'이 있습니다. 우리의 영은 영이
신 하나님과 교제할 수 있는 통로입니다. '영성(Spirituality)'이란
어떤 '물질'이나 '개체'가 아니라, 하나님과 내가 매 순간 교제
하며 사는 '관계성(relationship)'입니다.

"나는 포도나무요 너희는 가지라 그가 내 안에, 내가 그 안에 거하면
사람이 열매를 많이 맺나니 나를 떠나서는 너희가 아무것도 할 수 없
음이라"(요 15:5, 개역개정).

내 인생의 가장 내면에 숨겨진 '참자아'인 '영'이 참자유를 누
리지 못한다면, 참생명의 근원이신 하나님과의 관계가 회복되
어 온전한 생명을 회복하지 못한다면, 내 겉모습이 어떻든 상
관없이 나는 죽은 것이나 마찬가지입니다.
포도나무 원줄기에서 잘려진 가지가 보기에는 푸릇푸릇해서
살아 있는 것 같지만, 얼마 가지 않아서 말라 죽고 맙니다. 마
찬가지로 생명의 근원이신 하나님과의 관계가 끊어진 영은, 겉

으로는 몸과 생각과 마음이 건강해 보이고 잘 사는 것처럼 보여도, 그 순간부터 죽어 가고 있는 것입니다.

영적 회복을 위해 해야 할 일이 있습니다. 첫째, 참생명이신 하나님을 갈망해야 합니다(시 42:1; 51:10; 잠 8:17). 둘째, 끊임없는 영적 훈련이 필요합니다(딤전 4:7~8; 빌 3:14). 셋째, 매 순간 성령님의 도우심을 구해야 합니다.

> "또 새 영을 너희 속에 두고 새 마음을 너희에게 주되 너희 육신에서 굳은 마음을 제하고 부드러운 마음을 줄 것이며"(겔 36:26, 개역한글).

사명에
충실하라

'사도'란 헬라어로 '아포스톨로스(Ἀπόστολος)'라고 하는데, '특별한 사명을 띄워 보냄을 받은 자'라는 뜻입니다. 우리는 모두 나름대로의 특별한 사명을 가지고 이 세상에 보냄을 받은 자들입니다.

5장에서 소개한 것처럼, 예수님이 초대 사도이셨다면, 우리는 그분의 뒤를 따르는 사도들이라고 할 수 있습니다. 베드로와 바울만 사도가 아니라, 우리도 하나님께 고유한 사명을 받고 태어난 사명자이고 사도인 것입니다.

그 사명을 제대로 수행하지 못한다면, 아무리 높은 자리에 올랐다 해도, 아무리 많은 재물을 모으고 명성과 인기를 얻었다 해도, 그 인생은 결코 성공한 인생이라고 할 수 없습니다. 사명 때문에 생명이 주어진 것이기 때문입니다.

그런데 모든 사명, 모든 일에는 그것을 수행하는 데 필요한 자세와 나름대로의 '틀'이 있습니다. 어떤 직업이든, 어떤 사역이나 프로젝트든, 그 일을 효과적으로 감당할 수 있는 방법이나 형식이 있습니다.

흔히 '요령'이라 불리는 기본, 즉 틀, 모양, 폼을 잘 갖춘 사람은 일을 잘합니다. 반면에 기본이 잘돼 있지 않은 사람은 힘은 힘대로 들고, 결과도 잘 나오지 않습니다. 그래서 어떤 일을 하든지, 그 일을 열심히 하는 것도 중요하지만, 먼저 그 일의 기본적인 폼과 태도, 자세를 만드는 것이 더욱 중요합니다. 폼이 좋은 사람은 조금만 일하고도 금방 실력이 늡니다. 그러나 폼이 좋지 않은 사람은 아무리 오래 일해도 일의 능력이 오르지 않습니다.

물론, 일에 대한 개인적인 재능이나 실력의 차이일 수도 있지만, 대부분의 경우는 '폼'이 좋지 못하기 때문입니다. 그러므로 자신이 하는 일에 있어서, 먼저 기본적인 자세부터 갖추도록 노력해야 합니다.

일을 해 나가는 데 있어서 먼저 앞서 간 선배들의 조언을 들어야 합니다. 그들의 모습과 삶을 나의 지금의 모습과 삶과 비교하면서, 날마다 고쳐야 합니다. 멘토가 필요한 이유가 여기에 있습니다.

앞에서 언급한 '카핑 베토벤(coping Beethoven)'과 '카핑 예수(coping Jesus)'의 비유처럼, 검도장에서 사범님과 나를 비교하면서 내 자세를 다듬어 가듯이, 삶의 현장과 일터의 현장에서 끊임없는 자기 성찰을 통해 성숙해 가도록 노력해야 합니다. 그래야 하나님이 주신 사명을 온전히 수행할 수 있습니다.

목사이니, 목회에 대한 생각을 조금 나누고 싶습니다. 지금까지 목회를 해 오면서 여러 분들의 도움을 많이 받았습니다. 유진 피터슨, 헨리 나우웬, 리처드 포스터. 그리고 젊은 시절에 김준곤 목사님을 만난 후 많은 선배 목사님들을 통해서 배우고 익히고 다듬어 올 수 있었던 것에 늘 감사합니다.

그중 한 가지만 소개하고자 합니다.

유진 피터슨은 《균형 있는 목회자(*Working the Angles: The Shape of Pastoral Integrity*)》(좋은씨앗, 2008)에서 'attention'이란 단어를 사용하여 목회의 핵심을 논했습니다. 그는 "목사의 책임은 공동체로 하여금 하나님께로 주의를 기울이게 하는 것"이라고 정의했습니다. 그리고 균형 있는 목회의 세 각을 명쾌하게 설명했습니다.

첫째, 기도는 나 자신을 하나님 앞으로 집중해서 나아가도록 하는 것입니다.

둘째, 성경 읽기는 2,000년 전을 넘어 이스라엘과 그리스도 안에서 말씀하시고 행하신 하나님께 주목하고 경청하는 것입니다.

셋째, 영적 지도는 주어진 순간에 내 앞에 있는 사람 안에서 일하시는 하나님께 집중하는 행위입니다.

내게 이보다 더 분명한 목회의 비전은 없습니다. 물론 헨리 나우웬의 《마음의 길》에서 읽은 세 요소, 즉 고독 훈련, 침묵 훈련, 기도 훈련도 큰 도움이 되었습니다. 그런데 분명한 것은, 내게 맡기신 사명은 반드시 내가 이뤄야 할 일이지만, 그럼에도 불구하고 나 혼자의 힘으로는 결코 이룰 수 없다는 사실입니다. 수많은 이들의 지혜와 도움이 필요합니다. 성령님의 순간순간의 역사하심이 절대적으로 필요합니다.

주님, 사명에 살고,
사명에 죽게 하소서.

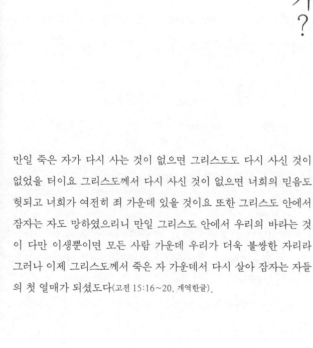

9 영원한 삶이 있는가?

만일 죽은 자가 다시 사는 것이 없으면 그리스도도 다시 사신 것이 없었을 터이요 그리스도께서 다시 사신 것이 없으면 너희의 믿음도 헛되고 너희가 여전히 죄 가운데 있을 것이요 또한 그리스도 안에서 잠자는 자도 망하였으리니 만일 그리스도 안에서 우리의 바라는 것이 다만 이생뿐이면 모든 사람 가운데 우리가 더욱 불쌍한 자리라 그러나 이제 그리스도께서 죽은 자 가운데서 다시 살아 잠자는 자들의 첫 열매가 되셨도다(고전 15:16~20, 개역한글).

내세,
과 연   있 는 가 ?

서산대사가 입적 전에 남긴 게송(偈頌)에는 이런 구절이 있습
니다.

生也一片浮雲起 死也一片浮雲滅
(생야일편부운기 사야일편부운멸)

뜻을 풀어 본다면, 아마도 이런 뜻일 것입니다.

"태어난다는 것은 무엇인가? 한 조각 뜬구름이 일어남이라.
죽는다는 것은 또 무엇인가? 한 조각 뜬구름이 스러짐이라."

어떤 철학자는 말했습니다.

"내 코에 마지막 숨결이 떨어지고 내 몸 위에 관 뚜껑이 닫
히는 그 순간이 되면, 내가 평생에 벌었다는 재물, 평생 얻
었다는 명성이 도대체 무슨 의미가 있단 말인가?"

과연 코의 숨결이 떨어지는 순간, 우리 인생은 모두 끝나는 것
일까? 아니면 죽음 이후에 다른 세상이 있는 것일까? 있다면
어떤 곳일까?

이런 고민을 한 번도 안 해 본 사람이 있을까요? 아니, 한 번이
아니라, 무의식 속에서라도 우리는 늘 그런 소망과 두려움을
가지고 살아가는 것 아니겠습니까? 그런 이유 때문에 수많은
가정과 꿈과 설명이 등장했고, 그런 배경하에서 수많은 종교가
발생한 것입니다.

서산대사의 죽음 앞에서의 고백은, 아마도 그런 세계에 대한
포기로서, 자연으로 돌아감을 노래한 것이라 생각합니다.

지난 역사를 돌아보면, 신비적 체험을 통해 그 세계에 대해 증
언하는 사람들과 이성적 사고를 통해 알 수 없다고 포기한 사
람들, 이렇게 두 극단이 있었습니다. 그리고 대부분의 사람들
은 두 극단 사이에서 방황하고 있는 형세라 할 수 있습니다.

기독교 전통은 분명 천국에 대해 증언하고 있습니다. 그러나

계몽주의 이후에 이성 중심의 신학이 들어서면서, 그런 세계에 대해 부정하거나 불가지론으로 돌아선 사람들이 많습니다. 철학자 김용규는 고 이병철 회장이 남기고 간 질문에 대답하는 형식으로 쓴 《백만장자의 마지막 질문》(휴머니스트, 2013)에서, '내세를 기약하지 않는 신학'에 대해 정리했습니다.

> "근본주의자들은 성서가 내세에 대해 거의 밝히지 않는다는 점을 강조했고, 자유주의자들은 내세에 대해 안다는 것이 근본적으로 불가능하다고 주장했다. 인간이 천국을 일종의 환상(근본주의 입장) 또는 상징이나 신화(자유주의 입장)로 표현할 수는 있지만, 구체적이고 실제적인 언어로 표현할 수는 없다는 것이 이들의 한결같은 입장이다. 예컨대 칼 바르트는 인간이 내세에서 천상의 존재가 되어 새로운 경험을 할 수 있다는 가능성을 거부하면서, 우리는 오로지 과거에 대해 그리고 세속적인 존재에 대해서만 이야기할 수 있다고 단언했다."

그는 같은 장에서, 그렇게 메마른 서구 신학의 이성적 사유에서 나온 '내세를 기약하지 않는 신학'에 대해 나름대로 재미있는 대답을 했습니다.

"내세를 기약하지 않는 현대 기독교 신학은 합리적이긴 해도 공허해졌으며, 내세를 기대하지 않는 현대 기독교 신자들의 신앙은 세속화되었다."

심지어 몇몇 신학자들까지도 부정하는 내세, 정말 있는 것인가, 아니면 없는 것인가? 과연 죽으면 모든 것이 끝나 버리는 것인가? 흙에서 왔으니 흙으로 돌아가면 실로 아무것도 남는 것이 없단 말인가? 그야말로 태어나는 것은 한 조각 뜬구름이 일어나는 것이고, 죽는 것은 그 한 조각 뜬구름이 스러지는 것인가? 그렇다면, 결국은 흙으로 돌아갈 인생, 그리 용을 쓰고 몸부림치면서 살 필요가 있는가? 왜 정직해야 하는가? 왜 성실해야 하는가? 악을 쓰고 성공할 필요는 또 어디에 있는가? 정말 죽은 사람은 다시는 살아나지 못하는가? 성경에서 부활을 주장하고 강조하는 이들의 이야기는 완전히 상상에서 나온 거짓말인가? 아니면 어떤 이들의 주장처럼 그저 비유나 신화인가? 나는 누구를 설득하기 위해서가 아니라, 나 자신의 삶의 이유를 확신하기 위해서라도 이 문제를 물고 늘어져야 했습니다.

바울은,
왜 인생이 뒤 집 혔 는 가 ?

2,000년 전에도 부활의 기적을 믿은 사람은 아무도 없었습니다. 예수님의 적대자들뿐 아니라, 제자들 중 어느 누구도 예수님이 "내가 죽었다가 삼일 만에 다시 살아나리라"고 하신 말씀을 곧이곧대로 믿지 않았습니다. 예수님이 여러 번 반복해서 자신의 죽음과 부활을 말씀하셨지만, 누구도 그 말씀을 심각하게 듣지 않았습니다.

아마도 그들은 현대 신학자들처럼 예수님의 말씀을 '비유'나 '신화' 정도로 이해한 것 같습니다. 이런 이유 때문에 제자들은 예수님이 십자가에 달려 죽으시고, 무덤에서 장사 지내게 되자 "이제 다 끝났다"고 절망한 것입니다. 두려움에 싸여 숨어 지낸 것입니다.

그들은 3년을 예수님과 함께 생활하며 말씀을 들었고, 놀라운 기적을 행하시는 예수님의 능력을 친히 곁에서 목격했습니다. 그러나 그들 중 아무도 예수님의 부활을 기대하지 않았고, 믿지 않았습니다.

부활하신 날 새벽에 예수님을 처음으로 목격한 마리아조차 예수님이 다시 살아나시리라고는 꿈에도 생각하지 않았습니다. 그녀가 새벽에 무덤을 찾아간 것은 부활하신 예수님을 만나기 위함이 아니었습니다. 이틀 전에 미처 다하지 못한, 유향과 몰약을 시신에 바르는 장례 절차를 마무리하려고 갔을 뿐입니다. 부활하신 예수님을 만나고도 그분을 동산지기로 알 만큼, 예수님의 부활은 상상도 못한 엄청난 사건이었던 것입니다.

예수님의 가장 측근이었던 제자들조차 기대하지 않고 믿지 않았던 예수님의 부활을, 도대체 그 누가 믿으려고 했겠습니까? 한마디로 예수님의 부활은 아무도 기대하지도, 믿지도 않았던, 전혀 의외의 사건이었습니다.

사도 바울은 역사상 부활에 대해 가장 설득력 있는 글인 고린도전서 15장을 쓴 사람입니다. 하지만 그도 처음에는 예수의 부활을 믿지 않았습니다. 오히려 허무맹랑한 이야기를 전파하는 예수쟁이들에게 맹렬한 분노를 느꼈습니다. 십자가에서 죽은 죄수가 다시 살아났다고 선전하는 예수쟁이들의 거짓말을 도저히 용서할 수가 없었습니다. 그래서 산헤드린의 위임을 받아, 신성모독자들인 예수쟁이들을 섬멸하기 위해 곳곳을 누비고 다녔습니다. 그러다가 다메섹으로 달려가던 중, 부활하신 예수님의 빛 앞에서 고꾸라집니다.

"사울아, 사울아."

공중에서 들려오는 음성을 듣고 바울은 외칩니다.

"누구십니까?"

"나는 네가 핍박하는 예수다."

그 순간부터 바울은 180도로 달라집니다. 예수 부활이 거짓말이라고 주장하던 사람이, 이제는 부활을 증거하는 자가 됩니다. 고린도전서 15장, 소위 '부활장'은 바로 사도 바울의 그런 개인적인 체험을 적은 것입니다. 그는 말합니다.

> "그리스도께서 성경대로 우리 죄를 위하여 죽으셨다는 것과, 무덤에 묻히셨다는 것과, 성경대로 사흘날에 살아나셨다는 것과, 게바에게 나타나시고 다음에 열두 제자에게 나타나셨다고 하는 것입니다. 그 후에 그리스도께서는 한 번에 오백 명이 넘는 형제자매들에게 나타나셨는데, 그 가운데 더러는 세상을 떠났지만, 대다수는 지금도 살아 있습니다. 다음에 야고보에게 나타나시고, 그 다음에 모든 사도들에게 나타나셨습니다. 그런데 맨 나중에 달이 차지 못하여 난 자와 같은 나에게도 나타나셨습니다"(고전 15:3~8, 새번역).

이 글이 기록된 것은 부활 사건 이후, 늦어도 30년 이내에 일어난 것입니다. 그래서 바울은 부활하신 예수 그리스도를 목격한 사람들이 '더러는' 죽기도 했지만, '대다수'는 이 글을 쓰고 있는 이때에도 살아 있다고 주장하며, 그들의 명단을 공개합니다. 그리고 마지막 부분에서 결정적인 주장을 합니다.

"나에게도 나타나셨습니다."

나도 그분을 봤다는 것입니다. 바로 이 점에서, 바울이란 사람의 삶이 어떻게 그렇게도 단시일 내에 급격하게 바뀌었는지, 그 해답을 얻을 수 있습니다.

한 사람이 자신이 가던 길을 180도로 바꿔서 정반대의 방향으로 가게 되었다면, 분명 그에게는 엄청난 사건이 일어난 것입니다. 가장 진보적인 사람이 가장 보수적인 사람이 된다든지, 거꾸로 가장 보수적인 사람이 가장 진보적인 사람의 앞장을 서게 된다면, 그에게는 분명 그럴 수밖에 없는 엄청난 사건이 있었던 것입니다.

바울은 부활을 믿지 못했던 사람입니다. 부활을 증거하는 이들을 핍박하고 사로잡아 심판에 넘기던 산헤드린의 앞잡이였습니다. 그런데 이제는 오히려 그 부활을 증거하기 위해 자신의 목숨과 인생을 걸고 남은 평생을 살아가게 됩니다. 그렇게 된 데는 혁명적인 사건이 있을 수밖에 없습니다. 그래서 사울이란 청년이 바울이 되는 사건(바울의 회심)이야말로 예수 부활의 가장 큰 증거라고 학자들은 주장합니다.

그는 헬라 철학의 바탕 위에서 가말리엘의 문하생으로서 율법을 제대로 배웠고, 예루살렘의 종교 세력의 힘을 얻고 활동했던, 잘나가던 유대 청년이었습니다. 그런 그가 보지도 못한 예수를 봤다고 거짓말함으로써 앞길 창창한 자신의 평생을 포기하겠느냐는 것입니다. 정신이 나가지 않은 다음에야 그런 선택을 할 리 없습니다. 그는 실로 자신이 부정하던 부활의 예수님을 만났고, 그의 고백처럼 이방인들을 위한 복음의 사역자로 소명을 받은 것입니다.

예수 부활에 대한
넘 치 는   고 백 들

토머스 아놀드(Thomas Arnold)라는 역사가는 이렇게 말했습니다.

"예수님의 생애와 죽음, 그리고 부활에 대해 만족할 만한 증거를 내보일 수 있다. 나는 마치 재판정에서 중대한 사건을 처리하듯이, 매우 신중하고 철저하게 부활을 조사했다. 다른 사람을 설득시키기 위해서가 아니라, 나 스스로 만족스러운 답을 얻기 위해 여러 번 조사를 시도했다. 예수께서 죽으셨다가 다시 살아나신 이 사건보다 더 완전히 증명될 수 있는 사건은, 인류 역사에서 또다시 없을 것이다."

사랑하는 아내가 갑자기 세상을 떠났습니다. 실의에 빠져서 절망하던 어느 날, 예수님의 부활이 단순한 옛날이야기가 아니라, 자신의 삶 속에서 살아 역사하시는 예수님의 언약임을 깨닫습니다. 그리고 깊은 묵상 속에서 살아 계신 예수님을 만납니다. 인생의 죽음이 결코 끝이 아님을 깨닫습니다.

부활하신 주님을 만난 고백으로, 엠마오로 가던 두 제자가 부활하신 예수님을 만나는 장면을 그립니다. 그 그림이 바로 렘브란트(Harmensz van Rijn Rembrandt)의 〈엠마오 도상의 그리스도〉입니다.

암스테르담 박물관에 그 그림이 전시되었을 때, 사람들이 그림 값을 물었습니다. 그러자 렘브란트는 대답했습니다.

> "이 그림은 아내의 죽음을 통해 비로소 참생명이 무엇인지를 체험하며 그린 그림이기에, 값을 매길 수 없습니다."

유명한 조각가 미켈란젤로(Michelangelo)는 그의 제자에게 이런 말을 남겼습니다.

> "왜 자네는 십자가의 그리스도를 그렇게 많이 그리나? 그리스도께서 고난 받으셨기 때문인가? 그리스도께서 자네를 위해 죽으셨기 때문인가? 그것은 귀한 일이네. 그러나 그보다 더 귀한 일이 있네. 그리스도께서 자네를 위해 부활

하셨다는 것이네. 죽음을 깨뜨리고 승리하신, 영광스러운 모습으로 부활하신 그분을 그리게! 죄와 죽음의 정복자이신 주님을 그리게."

미국의 장군이자 위대한 작가인 루 월리스(Rew Wallace)는 예수님의 부활을 의심했습니다. 그래서 기독교의 부활 신앙을 적대하는 논문을 쓰려고 자료를 수집했습니다. 그러다가 오히려 예수님의 부활에 대한 증거 앞에서 믿음으로 고백하며,《벤허(Ben-Hur)》라는 유명한 작품을 써 냈습니다.

독일의 위대한 시인 괴테(Johann Wolfgang von Goethe)는 말했습니다.

"당신이 아무리 성공의 정상에 서 있다 할지라도, 죽고 다시 산다는 이 도리를 알기까지, 당신은 아무래도 처량한 나그네일 뿐이다."

일본의 한 신문기자가 월남 이상재 선생에게 질문했습니다.

"간디는 평소에 100세를 산다 했는데, 당신은 몇 년이나 사실 작정입니까?"

그러자 이상재 선생은 말했습니다.

"사람이 한 번 났으면 영원히 살지, 죽기는 왜 죽어!"

하루는 복음전도자 빌리 그레이엄(Billy Graham)에게 어떤 사람이 찾아와서 물었습니다.

"당신은 정말로 부활을 믿습니까?"

그가 대답했습니다.

"만일 예수께서 무덤에서 다시 살아나지 않으셨다면, 나는 벌써 전도를 그만뒀을 것입니다."

어떤 분이 이런 글을 썼습니다.

"세상에는 무덤을 자랑하는 종교가 있습니다. 또 많은 위인들의 무덤을 자랑하는 나라들도 있습니다. 심지어 아예 죽은 사람을 살아 있는 것처럼 만들어 놓은 곳도 있습니다. 레닌, 마우쩌둥, 호찌민, 김일성 같은 사람들 말입니다. 저는 이 네 시신을 다 보았습니다만, 존경스럽기보다는 불쌍한 생각이 듭니다. 왜냐하면 저들은 제대로 죽지도 못했다는 생각이 들었기 때문입니다."

기독교는 무덤을 자랑하는 종교도, 시신을 자랑하는 종교도 아닙니다. 기독교는 시신도, 무덤도 없는 신앙 체계입니다. 왜냐하면 예수님이 부활하셨기 때문입니다. 그래서 기독교는 무덤이 빈 것을 자랑합니다. 기독교는 죽음이 아닌, 생명의 신앙입니다. 부활은 가정이나 신화가 아닙니다. 역사적 사실입니다. 그래서 현대 신학자 칼 바르트는 말했습니다.

"부활절과 성탄절의 설교는 짧으면 짧을수록 좋다. 왜냐하면 이는 설명할 필요가 없는 역사적 사실이기 때문이다."

역사 속에 예수님의 부활에 대한 허다한 증인들이 있습니다. 예수님은 분명하고 확실하게 죽은 자 가운데서 다시 살아나셨습니다. 수많은 증인들이 봤고, 그 증거는 너무도 많습니다.

"이러므로 우리에게 구름같이 둘러싼 허다한 증인들이 있으니"(히 12:1, 개역개정).

히브리서 기자의 확신에 찬 선포처럼, 그야말로 구름같이 둘러싼 허다한 증인들이, 자신들의 양심과 지성과 경험으로 보면 절대로 죽은 자가 다시 살 수 없음에도 불구하고, 예수 그리스도께서 살아나셨다는 확고한 신앙의 고백을 했습니다.
사도 바울이 목격자의 명단 맨 끝에 자신의 이름을 적어 넣은 것처럼, 나도 부활에 대한 신앙고백자들의 명단 맨 아래에 이름을 올리기를 원합니다.

예수님의 부활은,
우리에게로 이 어 진 다

어떤 이들은 예수 부활의 사건이 틀림없는 사실이었다 해도,
2,000년 전의 예수 부활이 이 시대를 사는 나와 무슨 상관이
있느냐고 말합니다. 하지만 예수 그리스도의 부활은 그분으로
끝나지 않고, 모든 인류에게 엄청난 선물을 가져왔습니다.
사도 바울은 이 사실을 증언합니다.

> "그러나 이제 그리스도께서 죽은 자 가운데서 다시 살아나사 잠자
> 는 자들의 첫 열매가 되셨도다 사망이 한 사람으로 말미암았으니 죽
> 은 자의 부활도 한 사람으로 말미암는도다 아담 안에서 모든 사람
> 이 죽은 것같이 그리스도 안에서 모든 사람이 삶을 얻으리라"(고전
> 15:20~22, 개역개정).

예수 그리스도의 부활은 단순히 한 개인의 사건이 아니라, 전 인
류에게 미치는 영생의 선물입니다. 예수님만 죽음을 이기신 것
이 아니라, 그분 안에 있는 모든 이들이 그분의 뒤를 이어 영생
하는 자들이 된 것입니다. 그래서 이제 예수 안에 있는 자들에게
는, 더 이상 죽음이 없습니다. 영원한 생명이 있을 뿐입니다. 그
래서 예수님이 나사로의 무덤 앞에서 미리 선언하신 것입니다.

"나는 부활이요 생명이니 나를 믿는 자는 죽어도 살겠고 무릇 살아

서 나를 믿는 자는 영원히 죽지 아니하리니 이것을 네가 믿느냐"(요

11:25~26, 개역개정).

예수 그리스도 안에 있는 자들에게는, 죽음이 더 이상 죽음이
아닙니다. 새로운 차원의 생명으로 들어가는 문일 뿐입니다.
전에는 죄와 사망이 인생들을 휘어잡고 종노릇을 시켰지만, 이
제는 더 이상 구원받은 이들을 주장하지 못합니다. 우리는 영
생의 길을 가게 된 것입니다.

"이는 그리스도께서 죽은 자 가운데서 살아나셨으매 다시 죽지 아니

하시고 사망이 다시 그를 주장하지 못할 줄을 앎이로라"(롬 6:9, 개역

개정).

"우리가 항상 예수의 죽음을 몸에 짊어짐은 예수의 생명이 또한 우리

몸에 나타나게 하려 함이라"(고후 4:10, 개역개정).

세기적 비극인 타이타닉호의 침몰 속에서, 악단 단장 월리스
하틀리(Wallace Hartley)는 죽어 가는 이들에게 엄청난 위로였습
니다. 그는 그 아수라장에서 끝까지 자신의 팀원들을 격려하면
서 찬송가를 연주했습니다.

"내 주를 가까이하게 함은 십자가 짐 같은 고생이나
내 일생 소원은 늘 찬송하면서 주께 더 나가기 원합니다.
천성에 가는 길 험하여도 생명길 되나니 은혜로다.
천사 날 부르니 늘 찬송하면서 주께 더 나가기 원합니다."

예수, 그분을 의지하십시오. 그분이 소망이십니다.

우리는 죽으려고
태어나지 않 았 다

철학자 김용규는 고 이병철 회장의 내세에 관한 질문에 대해
직답을 피했습니다. 대신 펜실베이니아 대학의 신경과학자인
앤드루 뉴버그(Andrew Newberg)와 마크 로버트 월드먼의 글을 인
용합니다.

"인간의 뇌는 실로 '믿는 기계'이고, 우리의 체험은 그런 믿
음들의 깊이와 질에 영향을 준다. 이 믿음이 진리의 한 조
각만을 갖고 있을지 모르지만, 우리를 언제나 우리의 이상
으로 이끌어 주는 것은 그 믿음이다. 그런 믿음이 없다면
우리는 세상을 바꾸는 것은 고사하고 하루를 살아갈 수조

차 없다. 그 믿음들은 우리의 신념이고, 우리에게 신앙을
주고 우리를 우리로 만들어 주는 존재다.

르네 데카르트는 '나는 생각한다. 고로 존재한다'라고 말했
다. 하지만 뇌 과학의 렌즈로 보았을 때, 나는 이렇게 말하
고 싶다. '나는 믿는다. 고로 존재한다'."

인간의 이성이나 과학적 논증으로 영생과 내세와 천국을 사람
들에게 명백히 드러내지 못한다 해도, 의학자와 과학자로서 자
신의 이성을 초월하여 존재하는 실제에 대해 믿음을 통해서
확신한다는 것입니다. 믿음으로 살아가는 신앙 고백을 아주 분
명하고 확실하게 증언한 것입니다.

세상에는 죽으면 모든 것이 끝난다고 생각하는 사람들이 있습
니다. 그들은 어차피 죽고 말 텐데, 뭘 그리 까다롭게 사느냐고
말합니다. 어차피 죽고 말 것이니, 먹고 마시자고 합니다. 그러
다가 조금만 인생살이가 어려워지면, 너무 쉽게 인생을 포기합
니다. 하지만 성경은 말합니다.

"한 번 죽는 것은 사람에게 정하신 것이요 그 후에는 심판이 있으리
니"(히 9:27, 개역한글).

사도 바울은 고린도전서에서 다음과 같이 말합니다.

"여러분, 이 놀라운 신비를 들으십시오. 혈육은 하나님 나라를 상속받지 못하지만, 부활하신 예수 그리스도로 말미암아 우리는 그 나라를 상속받을 것입니다. 썩을 자들이 썩지 않을 것을 상속받을 것입니다. 죽을 자들이 죽지 않게 될 것입니다. 이것이 죽음의 신비입니다. 또한 생명의 신비입니다."

정말 위대한 미스터리가 있습니다. 신비가 있습니다. 우리는 죽으면 모든 것이 끝나는 존재가 아니라는 것입니다. 그냥 죽기 위해 창조된 존재가 아니라는 사실입니다.
시인 알프레드 테니슨(Alfred Tennyson)은 말했습니다.

"사람은 죽기 위해 지음 받았다고 생각하지 않습니다."

우리는 결코 죽기 위해 지어진 존재가 아닙니다. 하나님의 형상대로 지음 받은 인생은, 영원하신 하나님처럼 영생하기 위해 지어진 존재입니다. 육체의 죽음은 결코 인생의 끝이 아닙니다.

1945년 4월 9일, 본회퍼(Dietrich Bonhoeffer)는 조국 독일에서 포악한 히틀러 정권에 맞서 자유와 평화를 외치다가, 게슈타포에게 체포됩니다. 그리고 2년 후, 프로센부르크 강제수용소에서 처형당합니다. 그는 동료 죄수들과 마지막 예배를 드리면서 이렇게 격려했습니다.

"부활의 주님을 믿는 사람에게는 광명과 소망의 세계가 있습니다. 결코 낙심하지 마십시오."

그리고 사형장으로 끌려가면서, 그는 고개를 돌려 말했습니다.

"이것이 마지막입니다. 그러나 이것이 또한 새로운 생명의 시작입니다."

무신론자였다가 가장 위대한 기독교 변증가가 된 C. S. 루이스(Lewis)는 말했습니다.

"예수님의 최대 업적은 부활의 메시지를 선포하신 것뿐 아니라, 그 선포하신 메시지대로 다시 살아나신 것입니다. 여기에 그분의 위대함이 있습니다. 그러나 이보다 더 위대한 것이 있습니다. 예수님은 당신 자신만 부활하신 것이 아니라, 당신을 믿는 자들도 그 부활에 동참하게 하셨다는 것입니다. 그분은 약속하셨습니다. '나를 믿는 자는 죽어도 살겠고 무릇 살아서 나를 믿는 자는 영원히 죽지 아니하라.'"

죽음은 결코 인간 존재의 끝이 아닙니다. 우리는 죽음으로 모든 것을 끝내기 위해서 이 땅에 태어나지 않았습니다. 나는 영생하기 위해 지어진 존재임을 믿습니다. 나는 결코 죽으려고 태어나지 않았습니다.

영생의 소망은,
현재를 열심히 사는 이 유

천국은 단지 죽은 다음에 가는 나라가 아닙니다. 천국을 가기 위해서 오늘을 포기하거나 헛되게 허비해야 하는 것도 아닙니다. 오히려 천국은 오늘을 알차게 사는 에너지를 공급받는 동력입니다. 영생에 대한 소망은, 이 땅 위에서 의미 있게 살아갈 목적과 삶의 에너지가 됩니다. 미래에 대한 복된 희망은, 오늘을 사는 이들에게 구체적인 능력이요, 파워입니다.

'아무리 힘껏 노력해 봤자 결국 흙으로 돌아가면 모든 것이 끝'이라고 생각하는 사람에게는 악착같이 살아야 할 이유도, 목적도 없습니다. 그러나 찬란한 미래가 기다리고 있는 사람은, 언제나 그 아름다운 미래를 위해 함부로 살지 않는 법입니다.

또한 죽음이 결코 끝이 아니라는 확신이 있는 사람은, 남을 위해 희생하고 죽을 수도 있습니다. 남을 위해 죽는 희생이 결코 헛되지 않을 것을 믿기 때문입니다. 그래서 영생과 천국을 믿는 이들은 순교도 하고, 희생도 기꺼이 할 수 있습니다.

그러나 만일 우리 인생이 한 번 죽으면 모든 게 끝나는 것이라면, 우리가 남을 위해 희생하는 것이 참 고귀하기는 하지만, 실로 너무 허무한 것 아닙니까? 죽음으로 모든 것이 끝난다면, 우리는 나라에 충성할 필요도 없고, 성실할 필요도 없습니다. 만일 죽음이 모든 것의 끝이라면, 무엇 때문에 죽을 줄 알면서도 물속으로 뛰어들겠습니까?

죽음은 결코 모든 것의 끝이 아니요, 오히려 새로운 인생의 시작입니다. 나는 결코 죽기 위해 태어나지 않았습니다. 나는 영생하기 위해 태어났습니다. 그래서 그런 믿음을 가진 이들은, 남을 위해서도 기꺼이 죽을 수 있습니다.

오늘 이 시대에, 모든 희망을 잃고 절망하는 이들에게, 우리 그리스도인들은 세상의 참된 위로와 희망이 되어야 합니다. 참변을 당하고 어쩔 줄 모르는 그들을 위로해야 합니다. 다시는 같은 참사가 벌어지지 않도록 안전한 세상을 만들어야 합니다. 그리고 궁극적으로는, 결국 우리의 마지막 소망은 천국과 영생뿐임을 기억해야 합니다. 마지막 순간까지 참된 생명과 영생의 소망을 전하는 부활의 증인들이 되어야 합니다. 부활의 증인으로, 다시 새롭게, 남은 삶을 살아야 합니다.

사경을 헤매다가 7일 만에 뇌사 상태에서 깨어난 신경외과 의

사가 있습니다. 철학자 김용규는 그에 대해 아주 간략하게 요약했습니다.

"2012년 10월, 미국의 시사주간《뉴스위크》는 이례적으로 하버드 메디컬 스쿨의 신경외과 의사인 이븐 알렉산더 (E. Alexander) 교수의 사후세계 체험기를 표지 기사로 실었다. 이어서 2013년에 출간된 그의 책《나는 천국을 보았다 (Proof of Heaven)》(김영사, 2013)는 나오자마자 아마존 종합 1위, 《뉴욕 타임스(The New York Times)》 1위,《퍼블리셔스 위클리 (Publishers Weekly)》 20주 연속 1위에 올랐다. 프랑스와 독일, 폴란드 등 유럽에서는 물론이고 우리나라를 포함한 아시아 지역에서도 번역, 출간되어 베스트셀러에 올랐다."

그는 평소에, 사후 세계를 체험했다는 환자들의 이야기를 단지 뇌에서 일어나는 화학적 착각 현상 정도로만 생각했습니다. 하지만 생각과 감정을 조절하는 뇌의 기능이 완전히 멈춘 상태에서 직접 체험한 천국은, 유명 신경외과 의사요 교수였던 그로서도 부인할 수 없는 사건이었습니다.

자신의 체험이 결코 단순한 환각이 아니었음을, 자신의 전문적인 지식으로 설득력 있게 설명한 그의 책은 수많은 이들의 관심을 불러일으켰습니다. 이 점이 그동안 사후 세계를 경험(임사

체험)했다고 간증한 수많은 이야기들과는 전혀 다른 차원으로
다가오는 것입니다.

천국에서 다시
만난다는 소망

말기 암에 걸려 절망하던 여인이 있었습니다. 오래전에 남편을
잃고, 친정도 시댁도 없는 천애 고아 같은 여인에게 7살짜리
딸이 있었습니다.

그녀는 절망 속에서 조금이라도 위안을 얻어 볼까 하고 교회
를 찾아갔습니다. 하지만 몸은 점점 피폐해져 갔고, 자신이 떠
난 뒤 홀로 남겨질 딸을 생각하면 가슴이 무너져 내렸습니다.
그러면서도 성도들을 대할 때는, 자존심 때문에 자신의 처지를
있는 그대로 말할 수 없었습니다. 일대일로 성경 공부를 함께
하던 집사님에게마저 사정을 숨겼습니다. 일가친척에게는 돈
을 얼마간 저축해 놓은 것이 있어서 딸의 미래는 걱정할 것이
없다고 속였습니다.

그러나 몸은 점점 쇠약해져 가고, 그녀는 이제 삶이 얼마 남지
않았음을 직감했습니다. 그래서 할 수 없이 집사님께 딸을 입
양 시설로 보내는 문제에 대해 의논하기 시작했습니다. 그 이

야기를 들은 집사님은 그 모녀를 생각하며, 가슴을 치며 기도했습니다.

"하나님, 어떻게 하면 좋겠습니까?"

그러다 그 집사님은 그 문제를 내 아내와 의논했습니다. 혹시 교회에서 입양할 사람이 없을까 하면서 말입니다. 그 말을 듣고 그날 예배 시간에 광고를 했습니다.

"우리 믿음의 식구 중에 어린 딸을 두고 떠나야 할 자매가 있습니다. 나는 우리 교회 식구들 중에서 그 아이를 입양했으면 좋겠습니다. 혹시 원하시는 분이 있으면 알려 주십시오."

그런데 바로 그날 저녁에 연락이 왔습니다. 세 딸을 둔 부목사 사모가 남편과 의논한 후, 그 아이를 입양하고 싶다고 했습니다. 자신의 딸이 그 여인의 딸과 유치원 친구였던 것입니다. 그래서 그 부목사 가정은 딸이 넷이 되었습니다.

엄마가 환자로 병원에 오래 있다 보니, 이리저리 굴러다니며 먹을 것도 제대로 먹지 못하던 아이는, 그렇게 친구네 집에 입양됐습니다. 그리고 자매들끼리 살게 되어 너무 행복해하는 모습을 봤습니다.

그렇게 딸을 입양 보내고, 며칠 안 되어 여인은 샘물 호스피스로 자리를 옮겼습니다. 그리고 삶과 죽음에 대한 성경적 신앙을 확인하게 됩니다. 며칠 후, 그녀는 부활의 소망을 안고, 천국에서 다시 만나자는 인사와 함께 환한 미소를 지으며 숨을 거두었습니다.

여인은 숨지기 얼마 전에 집사님께 고백했다고 합니다.

"내가 혹시 건강을 회복해서 낫는다 해도, 내 딸은 그냥 목사님 댁에서 자랐으면 좋겠어요. 너무 행복해요. 천국에서 만나요."

살아 계신 주님,

우리와 함께 계심에 감사합니다.

10

왜 우리는 부족함 없는 인생인가?

여호와는 나의 목자시니 내가 부족함이 없으리로다(시 23:1, 개역한글).

행복을 위해
노 력 해 야   한 다

길 가던 행인이 다음과 같이 쓰인 간판을 보았습니다.

"당신이 원하는 것은 무엇이든지 다 팝니다."

그가 상점 문을 열고 들어가 보니, 놀랍게도 그 점원은 천사였습니다.

"정말 내가 원하는 것은 무엇이든지 다 살 수 있습니까?"

천사가 대답했습니다.

"그럼요. 원하시는 것을 말씀만 하십시오. 다 구해 드리겠습니다."

행인은 잠시 생각하다가 천사에게 말했습니다.

"저는 행복을 사고 싶습니다."

그러자 천사가 웃으며 대답했습니다.

"손님께서는 뭔가 오해하셨군요. 여기는 모든 것을 다 팔지만, 완제품을 파는 것이 아니라, 그 씨앗을 파는 것입니다. 행복의 씨앗은 드릴 수 있지만, 열매는 손님이 직접 길러 따셔야만 합니다."

하나님은 행복의 완제품을 주시지 않고, 오직 그 씨앗을 주실 뿐입니다. 그 씨앗을 키우고 가꿔서 참된 행복을 만들어 가는 것은, 우리의 몫입니다. 이런 점에서 참된 행복은 100% 수제 품입니다.

생텍쥐페리가 쓴《어린 왕자(*Le Petit Prince*)》에는, 여우가 어린 왕자에게 우정에 대해 설명하는 장면이 나옵니다.

"오늘은 저 멀리 앉아 있어. 그리고 내일은 오늘보다 조금 더 가까이 앉아. 그리고 모래는 내일보다 조금 더 가까이 앉아. 그 다음에는 인사하고 한 마디, 두 마디 그렇게 말수 를 늘려…. 그러면서 너와 내가 조금씩 가까워지는 거야. 그렇게 하면서 너는 나를 알고, 나는 너를 알아 가는 거지. 이것을 서로가 서로에게 길들여진다고 하는 거야. 이렇게 길들여지면, 세상에 수많은 여우가 있지만, 너에게 길들여진 여우는 나 하나밖에 없고, 세상에 수많은 왕자가 있지만, 나에게 길들여진 왕자는 너 하나밖에 없는 거야.

이런 것을 친구라 하고, 친구들 사이에서 생기는 것이 우정
이야."

어른들을 위한 동화인《어린 왕자》에서 생텍쥐페리가 말하고
자 하는 핵심은 아주 분명합니다. 우정은 저절로 만들어지지
않는다는 것입니다. 이런 점에서 오늘의 시대를 사는 현대인들
은 참으로 불행합니다. 완제품만 써 봐서 수제품의 행복을 만
들어 갈 줄 모르기 때문입니다.

오래전, 우리 어머니들은 바지저고리를 손수 지어 입으셨습니
다. 아버지들은 짚으로 신발을 만들어 신으셨고 싸리바구니,
삼태기, 광주리 등을 다 손수 만드셨습니다. 과자가 별로 없던
그 시절에는 집에서 과즐, 엿 등을 직접 만들어 먹었습니다. 콩
나물, 파를 부엌에서 길러 먹었고, 두부와 비지도 손으로 직접
만들었습니다.

그때는 요즘만큼 많이 소유하지 못했고, 요즘처럼 편리한 세상
도 아니었습니다. 하지만 인정이 있었고, 부모님의 애틋한 사
랑이 가정에 넘쳤습니다. 추운 겨울, 아랫목 놋주발에 담긴 밥
그릇 같은 정성이 있었습니다. 아버지가 수십 리 길을 등짐 지
어 해 오시던 나뭇단 같은 듬직한 사랑이 있었습니다.

요즘은 모든 것이 기성품이고 완제품입니다. 옷은 물론 신발,
가방, 할 것 없이 모두 말입니다. TV, 세탁기, 냉장고, 오디오

시스템, 모두 집에 가져와서 전기만 꽂으면 그대로 써 먹을 수 있습니다.

이런 시대에는 오랜 시간의 노력이 필요한 사랑이나 우정이나 행복 같은 것들이 인기가 없습니다. 그래서 사랑도, 결혼도 마치 반짝 세일을 하듯 하는 사람들이 많은 것 같습니다. 서로에게 길들여질 시간이 없습니다. 이해하고자 하는 노력도 별로 없습니다. 그러면 참된 사랑도, 행복도 맛볼 수 없습니다.

하나님이 아담에게 허락하신 에덴동산은 놀이동산이 아니었습니다. 잘 가꾸고 일해서 행복을 일궈 가야 하는 행복의 일터였습니다. 하나님은 에덴동산을 행복의 완제품 창고로 만들지 않으셨습니다. 아담이 땀 흘려 일하면서 참된 기쁨과 보람을 누리는 터전으로 만들어 주셨습니다.

그래서 행복은 마치 나무 한 그루를 기르는 것처럼, 한 촉의 난초를 키우는 것처럼, 그렇게 정성을 다해서 잘 돌봐야 합니다. 그래야 참된 행복의 열매를 거두게 될 것입니다.

만남을 잘 이어 가는 것은,
우리의 몫이다

불가에서는 옷깃만 스쳐도 인연이라는 말이 있습니다. 만남에는 우연이 없다는 것입니다. 기독교 신앙에서도 모든 만남은 필연이라고 믿습니다. 모든 만남이 하나님의 섭리 가운데 있고, 하나님이 허락하신 축복의 기회이기 때문입니다.

하지만 불교와 다른 점이 하나 있습니다. 불교에서는 악연을 인정하지만, 기독교에서는 잘못된 만남이란 아예 없다고 생각합니다. 사랑의 하나님이 우리에게 악연을 허락하실 리 없고, 전능하신 하나님이 실수해서 우리에게 잘못된 만남을 주실 리가 없기 때문입니다.

우리는 하나님이 허락하신 모든 만남이 축복이라고 믿습니다. 그러나 어떤 만남은 정말 축복의 기회가 되지만, 어떤 만남은 불행이 되어 악연이 있는 것처럼 오해하게 됩니다. 왜 그럴까요? 그것은 바로 삶을 대하는 우리의 태도와 노력에 달려 있습니다. 만남이야말로 하나님이 허락하신 행복의 씨앗 중 하나이기 때문에, 우리는 모든 만남을 잘 키우고 가꿔서 행복의 열매를 따야 합니다. 이런 의미에서 하나님이 축복으로 주신 모든 만남을 복되게 하거나 불행하게 만드는 것은, 전적으로 우리의 몫입니다. 만남을 복되고 아름답게 만들어 가야 할 책임이 우리에게 있는 것입니다.

그렇습니다. 모든 만남은 축복입니다. 그리고 우리는 그 만남을 복되고 아름답게 가꿔야 합니다. 하나님은 그럴 특권과 의무를 우리에게 주셨습니다.

나 자신과의
만　남

우리가 잘 가꿔야 할 가장 기본적이고 중요한 첫 번째 만남은, '나 자신과의 만남'입니다. 이 만남은 모든 만남의 기초라고 할 수 있습니다.

'내가 나 자신을 보는 모습'을 자아상(Self Image) 또는 정체성 (Identity)이라고 합니다. 인생의 가장 근본적인 문제들이 바로 자신을 바로 보지 못하는 일그러진 자아상에서 시작됩니다. 지나치게 긍정적인 자아상이나 부정적인 자아상, 이 두 개의 극단적인 자아상으로 말미암아 어려움을 겪는 이들이 많습니다. 자신을 지나치게 과대평가하는 사람들이 있습니다. 분수를 모르는 사람입니다. 자신의 주제를 제대로 파악하지 못하는 사람입니다. 이들은 남들과의 관계에서 자주 충돌하면서도, 도대체 무엇이 문제인지를 모릅니다. 남들을 아프게 해 놓고도, 왜 그들이 아파하는지를 모릅니다. 나는 잘못한 것이 없는데, 왜 나를 이렇게 들들 볶는지 모르겠다고 억울해합니다. 그러면서도 남들이 내가 한 일에 대해 정당하게 평가해 주지 않으면 섭섭해합니다. 교만과 독단이 이들의 문제입니다. 이런 이들에겐 결코 인생이 행복할 수 없습니다.

이와 반대로, 자신을 너무 부정적으로 보는 사람들이 있습니다. 이런 사람들은 자신에 대한 자존감이 낮습니다. 자신의 모습을 있는 그대로 받아들일 수 없습니다. 자신을 있는 그대로 용납할 수 없기 때문에 남도 있는 그대로 용납할 수 없습니다. 자신도 자신을 사랑할 수 없기에 남도 온전히 사랑할 수 없습니다. 그래서 아주 비판적입니다. 매사에 날카롭고 공격적이고, 언제나 상처를 주고받습니다. 이런 사람은 스스로도 불행하지만, 남도 불행하게 만듭니다. 행복한 결혼 생활도, 행복한 직장 생활도 할 수 없습니다. 이것이 부정적인 자아상을 가진 이들의 아픔입니다.

하나님이 흙으로 아담을 만드시고, 그 코에 생기를 불어넣어 생령(살아 있는 사람)이 되게 하셨습니다. 그러니까 인간은 두 가지 재료로 만들어졌습니다. 하나는 무가치한 흙(먼지)이고, 또 하나는 영원하신 '하나님의 숨결'입니다. 그런데 자신의 재료 중에서 흙만 보는 사람은, 자신을 별 볼일 없는 무가치한 존재로 여기며 절망합니다. "노력해 봐도 소용없고, 수고해도 소용없어. 죽으면 모든 것이 끝인데…."

반대로, 영생하는 하나님의 숨결만 바라보는 사람은 자만심에 빠져 착각합니다. "나는 하나님이다. 내가 최고다."

어느 쪽이든, 한쪽으로 치우치면 비극입니다. 나 자신을 바로 보는 균형적인 시각을 가져야 합니다. 진정으로 행복하기를 원한다면, 자신을 있는 그대로 사랑할 줄 알아야 합니다. 그러면서도 자신의 한계를 깨닫고, 자신에 대해 착각하지 말아야 합니다. 나는 결코 완벽하지 않습니다. 그렇다고 아무짝에도 쓸모없는 사람은 더욱 아닙니다. 나는 예수님이 대신 죽어 주실 만큼 가치 있고, 소중한 존재입니다. 지금은 많이 부족하지만, 조금씩 성숙해 가면서 하나님의 성품을 닮아 갈 것입니다. 예수님의 장성한 분량에 이를 것입니다. 하나님의 거룩한 자녀가 될 것입니다. 나는 사랑받기 위해 태어난 사람입니다. 지금도 그 사랑을 받고 있습니다. 이것을 믿어야 합니다. 그리고 나는 그것을 믿습니다.

"너의 하나님 여호와가 너의 가운데에 계시니 그는 구원을 베푸실 전능자이시라 그가 너로 말미암아 기쁨을 이기지 못하시며 너를 잠잠히 사랑하시며 너로 말미암아 즐거이 부르며 기뻐하시리라 하리라"(습 3:17, 개역개정).

남들과의
만 남

우리가 복되게 만들어야 할 두 번째 만남은, 남들과의 만남입니다. 부모님과의 만남, 선생님과의 만남, 친구와의 만남, 부부의 만남, 자녀와의 만남, 목회자와 성도의 만남, 사업상의 만남 등등 많은 종류의 만남이 있습니다. 인생이란 이런 만남들을 통해 이뤄져 가는 것이요, 그래서 삶이란 이런 만남의 총화라고 할 수 있습니다. 이런 만남들을 통해서 우리 인생은 행복하기도 하고, 불행하기도 합니다.

행복합니까? 그동안 하나님이 주신 만남들을 복되게 가꾼 것입니다. 불행하다고 느낍니까? 주님이 주신 행복의 기회인 만남들을 잘 가꾸지 못한 것입니다.

어떤 마을에 새롭게 이사 온 사람이 그 마을의 랍비에게 물었습니다.

"이 마을 사람들은 어떤 사람들입니까?"

그러자 랍비가 되물었습니다.

"지난 마을에는 어떤 사람들이 살았습니까?"

그 사람이 대답했습니다.

"전에 살던 마을에는 아주 고약한 사람들만 살았습니다."

랍비가 말했습니다.

"그렇습니까? 그렇다면 여기에도 고약한 사람들이 살고 있습니다. 당신이 대하는 대로 남들도 당신을 대할 것이기 때문입니다."

사람들은 대부분 같습니다. 특별히 선한 사람도 없고, 특별히 악한 사람도 없습니다. 주는 대로 받고, 받는 대로 줍니다. 내가 만나는 모든 사람들은, 내가 어떻게 하느냐에 따라 달라집니다.

흔히 우리는, 내가 이렇게 불행하게 사는 것은 누군가를 잘못 만나서라고 합니다. 남편을 잘못 만나서, 아내를 잘못 만나서, 부모님을 잘못 만나서, 친구를 잘못 만나서, 심지어 자식을 잘못 낳아서 이런 고생을 한다고 합니다. 다 네 탓이라는 것입니다.

하지만 만남 그 자체는 모두 복된 것입니다. 하나님이 우리에게 행복하게 살도록 주신 놀라운 기회요, 축복의 선물입니다. 다만 우리가 그 만남을 잘못 대했기 때문에 어려움이 있는 것입니다.

하나님이 주신 복된 선물이 불행하게 되는 이유가 있습니다.

첫째, 순수하지 못한 만남의 동기입니다.

둘째, 만남을 복되게 만드려는 노력의 부족입니다.

셋째, 영성 생활의 실패입니다.

먼저 우리의 만남이 순수해야 합니다. 서로 이용해 먹으려고 하면, 반드시 불행해집니다. 우정으로 시작했다가 불행으로 끝난 친구 관계가 얼마나 많습니까? 사랑해서 만났어도, 서로를 '자신의 행복의 도구'로 생각하며 사는 부부가 행복할 수 있겠습니까? 부모를 오직 자신의 성공의 발판으로만 이용해 먹으려는 자식들, 자식을 단지 노후 대책으로만 삼는 부모들, 모두가 복되고 아름다운 선물인 만남을 타락시키는 불행한 이들입니다. 만남이 순수하지 않으면, 불행해질 수밖에 없습니다.

만남이 복되려면 노력해야 합니다. 행복은 완제품이 아니라 수제품입니다. '만남'이란 완제품인 인스턴트식품이 아니라, 음식의 재료일 뿐입니다. 행복의 씨앗일 뿐입니다. 우리가 수고하고 땀을 흘려서 잘 조리해야 하는 음식 재료입니다. 그래서 행복한 만남이 되려면, 서로 노력하고 희생해야 합니다. 참아 주고, 기다려 주고, 믿어 주고, 서로를 위해 섬겨야 합니다.

마지막으로 만남이 복되려면, 영성이 깨어 있어야 합니다. 만남이 불행해지는 가장 흔한 이유로, 사람들은 '마(?)'가 끼어서 그렇다고 말합니다. 마귀는 속이는 자요, 거짓의 왕입니다. 다른 사람을 오해하게 만들고, 사랑하는 사람들 속에 들어가 이간질을 시킵니다. 많은 교회들이, 그렇게도 성령 충만하고 사랑이 풍성했던 교회들이 이런 마귀의 농간에 쉽게 무너져 내립니다. 주님이 "시험에 들지 않게 깨어 기도하라"고 명하신 이유가 바로 여기에 있습니다.

사람들이 아무리 잘해도, 아무리 최선을 다해도, 마귀는 인간의 지혜와 노력보다 한 수 위입니다. 온갖 술수를 다해 성도들이 사랑할 수 없게 방해합니다. 그러므로 시험에 들지 않게 깨어 기도해야 합니다. 기도 안에서 우리의 만남은 참으로 복될 것입니다.

> "철이 철을 날카롭게 하는 것같이 사람이 그 친구의 얼굴을 빛나게 하느니라"(잠 27:17, 개역한글).

철을 깎는 것은 철입니다. 철이 서로 부딪히면서 서로를 빛나게 만듭니다. 어떤 이와의 만남도 결코 우연은 없습니다. 이 글을 읽고 있는 당신도 이 책을 우연히 접한 것은 아니라고 생각합니다. 이 책이 당신의 얼굴을 빛나게 했으면 좋겠습니다.
만나는 모든 이에게 말해 보십시오.
"당신은 제게 복입니다. 이런 만남을 주신 하나님께 감사합니다."

창조주와의 만 남

부모를 잘 만나면, 인생의 출발이 수월할 수 있습니다. 좋은 스승을 만나면, 출세의 길이 열릴 수 있습니다. 좋은 친구를 만나면, 평생 큰 힘이 됩니다. 좋은 배우자를 만나면, 남은 평생이 행복할 수 있습니다. 그러나 이 모든 만남이 혹시 불행했다 하더라도, 인생의 주인이신 창조주 하나님만 제대로 만난다면, 그 모든 불행은 하나도 문제가 되지 않습니다.

가난한 부모를 만나 너무나 어렵게 인생을 시작해야 했던 사람. 아예 그런 부모조차 없어 고아원에서 자라야 했던 사람. 힘겨운 배우자를 만나 고생만 하며 살았던 사람. 이들도 온 우주를 창조하시고, 인생의 생사화복을 주장하시는 창조주 하나님을 만나기만 하면, 그전의 모든 불행한 만남을 청산할 수 있습니다. 새로운 세상을 살아갈 수 있습니다. 그야 말로 팔자를 고칠 수 있다는 말입니다. 지난 아픔들을 치유받고, 그 아픔들을 재료로 더욱 넘치게 살 수 있습니다.

그래서 하나님을 만난 어거스틴은 이렇게 고백했습니다.

"당신 앞에 무릎을 꿇기 전까지, 내 마음에는 평안이 없었나이다."

어떤 철학자의 고백처럼, 우리는 우리의 의지와는 전혀 상관없이, 입구도 출구도 없는 한 공간 속에 내던져진 존재입니다. 어디에서 왔는지도 모르고, 어디로 갈 것인지도 모릅니다. 우리의 내면세계를 아무리 들여다봐도 우리의 존재 목적을 스스로 깨우칠 수 없습니다. 인생에 대한 존재론적, 궁극적 대답을 찾아낼 수 없습니다.

하지만 우리를 지으신 창조주 하나님, 그분을 만나면 그 모든 문제에 대한 해답을 들을 수 있습니다.

"왜 내가 여기에 있는가?"

"무엇 때문에 한 번밖에 없는 나의 삶을 최선을 다해 살아야 하는가?"

그 사명과 소명을 깨닫기 위해서는, 나를 지으신 창조주, 그분을 만나야 합니다. 이런 이유 때문에 신앙은 창조주 하나님을 만남으로 시작됩니다. 그리고 그분을 알아 가면서 믿음이 성숙해져 갑니다.

하나님을 만나기 전까지는 남들이 전해 주는 정보를 통해 추측하고, 생각을 정리해 갈 수 있었을지 모릅니다. 그러나 결코 믿음이 시작된 것은 아니었습니다. 그러나 그분을 만난 후에는 욥처럼 고백할 수 있게 되는 것입니다.

"무지한 말로 이치를 가리는 자가 누구니이까 나는 깨닫지도 못한 일을 말하였고 스스로 알 수도 없고 헤아리기도 어려운 일을 말하였나이다 내가 말하겠사오니 주는 들으시고 내가 주께 묻겠사오니 주여 내게 알게 하옵소서 내가 주께 대하여 귀로 듣기만 하였사오나 이제는 눈으로 주를 뵈옵나이다 그러므로 내가 스스로 거두어들이고 티끌과 재 가운데에서 회개하나이다"(욥 42:3~6, 개역개정).

어느 돈 많은 백만장자가 신문에 광고를 냈습니다.

"누구든지 자기 삶에 대해 정말로 만족한다면, 그리고 그것
을 내게 증명할 수 있다면, 나는 그 사람에게 백만 달러를
드리겠습니다."

수백 명의 지원자가 몰려들어, 저마다 "더할 수 없이 행복한 삶
을 살고 있다"고 주장했습니다. 직업이 좋아서, 혹은 배우자에
게 만족해서, 또는 자녀에게 더 바랄 것이 없을 만큼 만족해서
행복한 삶을 살고 있다고 말했습니다. 그들은 자신의 삶이 행복
하다고 나름대로 열심히 주장했습니다.
그러나 그들 중 어느 한 사람도 백만 달러의 상금을 타지는 못
했습니다. 이 백만장자가 물은 질문 하나에 제대로 대답한 사람
이 한 명도 없었기 때문입니다. 그 질문은 이런 것이었습니다.

"당신이 정말 더 바랄 것 없이 행복하다면, 도대체 내 돈 백
만 달러는 무엇 때문에 더 필요하단 말입니까?"

정말 행복하다면, 더 이상 아무것도 바랄 것이 없어야 합니다.
참된 행복이란, 더 이상 아무것도 바랄 것이 없는 상태입니다.
아직도 백만 달러가 더 필요하다면, 아직도 뭔가 하고 싶은 욕

망이 일어난다면, 아직도 기대하고 바라는 것이 마음속에서 꾸역꾸역 솟아나고 있다면, 정말 내가 그렇게 행복한 것은 아니라는 말입니다.

그래서 정말 행복한 사람만이 할 수 있는 말이 있습니다.

"이대로 죽어도 좋아. 나는 행복해. 더 바랄 것이 없어."

하나님 때문에,
부족함 없 는   인 생

다윗은 외칩니다.

> "여호와는 나의 목자시니 내가 부족함이 없으리로다"(시 23:1, 개역
> 한글).

이 말씀을 킹제임스 성경에서는 "I shall not want"라고 번역했습니다. "더 원하는 것이 없다", "더 바랄 것이 없다"는 것입니다. 지금 있는 그대로, 나는 행복하다는 것입니다.

최근에 나온 다른 번역들을 보면, 다음과 같습니다.

> "내가 필요한 모든 것을 다 가지고 있다(I have everything I need)."

이렇게 말하는 이들도 있을 것입니다.

"다윗이야 한 나라의 제왕이었으니, 그런 소리를 했겠지. 재산도 많았고, 마누라가 한둘이었나? 자식은 또 얼마나 많았다고? 도대체 그런 사람이 뭐가 부족했겠어?"

정말 그럴까요? 다윗이 "아무것도 부족한 것이 없다"고 한 이유가, 권력을 쥐고 흔드는 한 나라의 최고통수권자였기 때문일까요? 수많은 전쟁에서 승리한 대가로 많은 노획물을 얻었고, 아내들이 많았고, 자식들이 많아서였을까요? 그래서 "나는 더 이상 바랄 것도 없고, 부족한 것도 없다"고 말한 것일까요?

권력은 오르고 올라도 더 오르고 싶은 법입니다. 최고 꼭대기에 올라서면, 더 넓은 세상을 정복하고 더 큰 나라를 통치하고 싶은 법입니다. 자신이 차지한 그 자리를 언제까지나 지키고, 둥지를 틀고 싶은 법입니다. 그러기에 권력에는 만족이란 있을 수 없습니다.

재물 또한 가질수록 더 갖고 싶은 것입니다. 재물에 대한 욕심에 만족이 있을 수 없습니다. 그렇기 때문에 권력이나 재물에서 만족을 구하려는 사람은 결국 절망만 거둘 것입니다.

쾌락은 또 어떻습니까? 즐기고 노는 욕망에 만족이 있습니까? 한 가지 쾌락은 더 강한 쾌락을 부르고, 정상적인 쾌락의 끝은 결국 비정상적이고 더 큰 자극을 부릅니다. 결국 쾌락으로 망할 수밖에 없습니다.

물론 다윗은 최고의 권력자요, 연전연승하는 전쟁터의 맹장이요, 소유한 재물 또한 역사상 어떤 제왕보다 적지 않았습니다. 그럼에도 불구하고 다윗은 그런 가시적인 것들에서 만족을 구하지 않았습니다. 천지를 지으신 하나님이 자신을 목자처럼 돌보고 계신다는 사실 하나로 만족하며, 감격에 차서 고백했습니다.

"하나님이 나의 목자가 되시기에, 나는 더 바랄 것이 없습니다."

목자란 양 떼를 돌보는 사람입니다. 뜯어먹을 풀이 풍성한 들판으로 양 떼를 인도하고, 맑은 시냇물로 이끌어 물을 마시고 쉬게 하는 사람입니다. 그러다가 혹시 이리나 늑대 같은 흉한 동물들이 나타나면, 그놈들을 쫓아내 양 떼를 지켜 주기도 합니다. 양 떼를 먹이고 입혀 주는 양육자요, 보호자입니다.

다윗은 어려서부터 목동 생활을 했습니다. 양들을 지키고, 먹였습니다. 사자나 곰이 나타나면, 그 양들을 지키기 위해 그놈들과 싸워 물리쳤습니다. 그런데 이제 나이가 들어 자신의 인생을 돌아보니, 하나님이야말로 그렇게 자신의 인생을 돌봐 주신 목자였음을 깨닫게 된 것입니다.

"아, 그렇습니다. 하나님, 당신은 진정 나의 목자이셨습니다. 그래서 나는 아무것도 부족함이 없었습니다. 지금도 없습니다."

다윗은 한 평생 자신을 바라보며 돌봐주신 목자 되신 하나님이 함께 계시니 더 바랄 것이 없었던 것입니다.

한동대학교 총장으로 재직해서 기적의 바람을 일으켰던 김영길 전 총장은, 전형적인 과학자로 하나님을 믿지 못한 사람이었습니다. 그런 그가 유학 중에 하나님을 만나고, 그 후부터 하나님의 영광을 위해 지치지 않고 사역하게 됩니다. 이 이야기가 그의 책 《신트로피 드라마》(두란노, 2013)에 리얼하게 소개되어 있습니다.

> "그 밤에 나는 2,000여 년 전, 십자가에 달리신 예수 그리스도의 죽음이 바로 나를 위함이었다는 것을, 예수님 때문에 내가 하나님의 자녀가 되었다는 사실을 확실히 깨닫게 되었다. 오랜 영적 방황 끝에 창조주 하나님이신 예수 그리스도를 나의 구주, 나의 주님으로 영접하게 된 것이다. … 가슴이 뜨거워졌다. 아내에게 감격에 차서 말했다. '창조주 하나님이 어떤 분이신지, 그분이 왜 육신을 입고 이 땅에 오셔야만 했는지, 그리고 왜 그분이 십자가에서 죽으셔야만 했는지 이제야 알았소.' 그것은 기쁨과 환희의 외침이었다. 아내와 손을 잡고 기도하는데 눈물이 흘러내렸다."

다윗과 김영길 총장뿐 아니라, 창조주 하나님을 만나서 더 바랄 것 없는 행복을 경험한 이들의 고백은 그야말로 많고도 많습니다. 히브리서 기자의 표현대로, "구름같이 둘러싼 허다한 증인들"이 있습니다.

존 파이퍼(John Stephen Piper)의 《거듭남(*Finally Alive*)》(두란노, 2009)을 보면, 그런 경험을 한 이들의 아름다운 고백이 등장합니다. 어거스틴의 경우는 감동적이고 급격한 변화였습니다. 반면에 《나니아 연대기(*The Chronicles of Narnia*)》(시공주니어, 2005)를 쓴 C. S. 루이스는 잔잔한 변화를 소개합니다. 일부를 재인용해 봅니다.

> "햇살이 따스한 어느 날 아침, 버스를 타고 윕스네이다 동물원을 향했다. 출발할 때는 예수 그리스도가 하나님의 아들이라고 믿지 않았으나, 동물원에 도착했을 때는 믿었다. 그러나 동물원으로 향하는 버스에서 깊은 생각에 잠긴 건 아니었다. 감정의 소용돌이에 휘말리지도 않았다. … 마치 긴 잠에서 깼으나 여전히 침대에 꼼짝 않고 누워 있는 사람이 이제 자신이 깨어났다는 사실을 인식하는 경우에 더 가까웠다. 그리고 버스를 타고 가던 중에 경험한 순간처럼 모호했다. 자유일까, 아니면 필연일까? 이 둘이 최고점에 도달하면 서로 다를까?"

격정적이든 조용하든, 감성적이든 이성적이든, 어떤 모습으로 하나님을 만나든지, 그분을 한번 만난 사람들은 더 이상 다시는 이전으로 돌아갈 수 없습니다. 완전히 새사람이 되는 것입니다. 사도 바울도 자신의 경험을 살려서 자신 있게 선포했습니다.

"그런즉 누구든지 그리스도 안에 있으면 새로운 피조물이라 이전 것은 지나갔으니 보라 새것이 되었도다"(고후 5:17, 개역한글).

우리 교회 게시판에는 복음광고 사역자인 정기섭 집사의 멋진 광고문이 커다랗게 세워져 있습니다.

   0+1=100

이 이상한 수식 옆에는 글이 적혀 있습니다.

"비록 당신이 아무것도 가진 것이 없다 해도,
예수 그리스도를 만난다면,
당신의 삶은 완전해질 것입니다."

죽을까 봐 할머니로부터 '송아지'란 이름을 받고 태어난 날, 전쟁의 참화를 동화처럼 들으며 자랐던 어린 시절, 두 번이나 홍수로 집이 떠내려가는 것을 암울하게 지켜봤던 소년 시절, 그리고 그분을 만난 청년 시절. 사람 되어 오신 하나님 예수, 그분을 내 마음에 모시고 처음으로 "주님"이라고 부른 감격의 순간. 그 후 나는 언제나 그분의 약속을 새기고, 의지하며, 담대하게 살아가고 있습니다.

이제는 '송아지'가 아니라, 하나님의 제단에 바쳐지는 '희생 제물'인 황소가 되어, 평생을 선한 목자로 내 인생길을 인도하신 그분께 온전히 드릴 수 있습니다. 이는 말할 수 없는 축복이요, 기쁨이었습니다.

> "나를 능하게 하신 그리스도 예수 우리 주께 내가 감사함은 나를 충성되이 여겨 내게 직분을 맡기심이니"(딤전 1:12, 개역한글).

교회에 나간 지 한 달이 안 되어 듣고, 성경을 찾아서 확인하고, 가슴에 새긴 놀라운 주님의 약속이 있습니다. 지난 삶이 고달프고 힘들 때마다, 갈 길을 잃고 방황할 때마다 이 약속은 내게 큰 힘과 용기가 되었습니다.

> "너희는 마음에 근심하지 말라 하나님을 믿으니 또 나를 믿으라 내 아버지 집에 거할 곳이 많도다 그렇지 않으면 너희에게 일렀으리라 내가 너희를 위하여 거처를 예비하러 가노니 가서 너희를 위하여 거처를 예비하면 내가 다시 와서 너희를 내게로 영접하여 나 있는 곳에 너희도 있게 하리라"(요 14:1~3, 개역개정).

"나는 포도나무요 너희는 가지라 그가 내 안에, 내가 그 안에 거하면 사람이 열매를 많이 맺나니 나를 떠나서는 너희가 아무것도 할 수 없음이라"(요 15:5, 개역개정).

주님, 저를 사랑해 주시니 감사합니다.
저도 주님을 사랑합니다.

목마른 인생에

예수님이 찾아 오셨습니다.